ビジネス・キャリア検定試験® 標準テキスト

専門知識

生産管理
オペレーション

渡邉 一衛 監修
中央職業能力開発協会 編

3級

第4版

JN046468

発売元 社会保険研究所

ビジネス・キャリア検定試験 標準テキストについて

　企業の目的は、社会的ルールの遵守を前提に、社会的責任について配慮しつつ、公正な競争を通じて利潤を追求し永続的な発展を図ることにあります。その目的を達成する原動力となるのが人材であり、人材こそが付加価値や企業競争力の源泉となるという意味で最大の経営資源と言えます。企業においては、その貴重な経営資源である個々の従業員の職務遂行能力を高めるとともに、その職務遂行能力を適正に評価して活用することが最も重要な課題の一つです。

　中央職業能力開発協会では、「仕事ができる人材（幅広い専門知識や職務遂行能力を活用して、期待される成果や目標を達成できる人材）」に求められる専門知識の習得と実務能力を評価するための「ビジネス・キャリア検定試験」を実施しております。このビジネス・キャリア検定試験は、厚生労働省の定める職業能力評価基準に準拠しており、ビジネス・パーソンに必要とされる事務系職種を幅広く網羅した唯一の包括的な公的資格試験です。

　3級試験では、係長、リーダー等を目指す方を対象とし、担当職務に関する専門知識を基に、上司の指示・助言を踏まえ、自ら問題意識を持って定例的業務を確実に遂行できる人材の育成と能力評価を目指しています。

　中央職業能力開発協会では、ビジネス・キャリア検定試験の実施とともに、学習環境を整備することを目的として、標準テキストを発刊しております。

　本書は、3級試験の受験対策だけでなく、その職務の担当者として特定の企業だけでなくあらゆる企業で通用する実務能力の習得にも活用することができます。また、異動等によって初めてその職務に就いた方々、あるいは将来その職務に就くことを希望する方々が、職務内容の体系的な把握やその裏付けとなる理論や考え方等の理解を通じて、自信を持って職務が遂行できるようになることを目標にしています。

標準テキストは、読者が学習しやすく、また効果的に学習を進めていただくために次のような構成としています。

　現在、学習している章がテキスト全体の中でどのような位置付けにあり、どのようなねらいがあるのかをまず理解し、その上で節ごとに学習する重要ポイントを押さえながら学習することにより、全体像を俯瞰しつつより効果的に学習を進めることができます。さらに、章ごとの確認問題を用いて理解度を確認することにより、理解の促進を図ることができます。

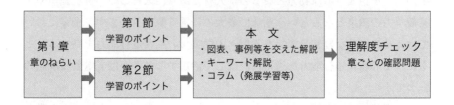

　本書が企業の人材力の向上、ビジネス・パーソンのキャリア形成の一助となれば幸いです。

　最後に、本書の刊行に当たり、多大なご協力をいただきました監修者、執筆者、社会保険研究所編集部の皆様に対し、厚く御礼申し上げます。

中 央 職 業 能 力 開 発 協 会
（職業能力開発促進法に基づき国の認可を受けて
設立された職業能力開発の中核的専門機関）

ビジネス・キャリア検定試験　生産管理分野
標準テキストの改訂に当たって
〔生産管理分野における「共通知識」及び「専門知識」について〕

　ビジネス・キャリア検定試験における生産管理分野におきましては、生産工程の川上から川下までの流れの中に存在する様々な領域を、関連する作業領域でまとめ、生産管理分野の知識として分類整理し、各試験区分にまとめさせていただいております。

　今般の改訂では、3級、2級共に、試験の範囲を「プランニング」（計画にかかわるもの）と「オペレーション」（実作業にかかわるもの）に大きく区分し、それぞれの試験区分の中での領域特有の知識について「専門知識」としてまとめた他、従前通り、全領域に共通して必要な「品質管理」、「原価管理」、「納期管理」、「安全衛生管理」、「環境管理」のいわゆるQCDSEの5つの管理項目にかかわる知識を「共通知識」といたしました。したがいまして、1つの試験区分の学習には「専門知識」と「共通知識」の2冊のテキストが必要ですが、同じ級の別の試験区分を学習するときには、その試験区分の「専門知識」のテキストのみの追加で済むことになります。

　また、今回の改訂では、これまでと同様に用語の多くをJIS（日本産業規格）から引用し、用語の標準化を図る一方、索引に掲載する用語を大幅に増やして検索しやすくいたしました。

　このように、効率的に学習でき、実務でも活用しやすいテキストの編集とさせていただきましたので、ビジネス・キャリア検定試験の準備にとどまらず、業務を進めるときにもご活用いただきたく存じます。

令和5年4月28日
監　修　者

〔参考〕生産管理分野 標準テキスト一覧

【共通知識】生産管理2級
　　　　　　生産管理3級
【専門知識】生産管理プランニング2級
　　　　　　生産管理プランニング3級
　　　　　　生産管理オペレーション2級
　　　　　　生産管理オペレーション3級

作業管理基礎

この章のねらい

　第1章では、生産活動において主に製造管理の職務を担う担当者が、初めに理解しておく必要がある生産システムの概念と作業管理の基本的な考え方、さらに作業管理を行ううえでの各種の基本的な手法と作業改善の進め方を学ぶことをねらいとする。

　第1節では、生産システムの構造と管理活動の全体像を把握する。

　第2節では、仕事の構成要素と役割を理解したうえで、作業管理の内容・手順・方法、標準時間設定のねらいと意義について学ぶ。

　第3節では、工程分析、動作研究、時間研究等のIE手法と分析による改善の方向を学ぶ。

　第4節では、作業改善のための代表的なアプローチ方法の理解と、作業のムダの把握と排除、作業時間のバラツキを知って対策がとれることをねらいとして学ぶ。

　第5節では、職場の改善で利用される5Sの考え方と相互関係を学ぶ。

第 1 節 生産システム

学習のポイント

◆生産とは、何かを新しく作り出すことで、生み出された産出物は、有形の場合にはモノ、無形の場合にはサービスである。製造業の工場で産出するのは主に有形の製品である場合が多く、この「物的な生産」のことを一般に製造という。ただ、双方を区別しないで用いる場合もある。

◆製造活動とは、建物などの施設、機械・設備、原材料・部品などの資材、労働力、エネルギーなどの諸資源を用いて、製品を作り出す活動である。製造業においては、生産活動が付加価値を生み出す源泉となる。

◆製造活動を円滑に行うためには、それらの諸資源を継続的に調達し続けねばならず、この活動のことを調達活動と呼ぶ。

◆そして、製造活動によって産出され、製品やサービスが市場に供給される際に、製造活動以外の業務によりさらなる付加価値が加えられ、市場を開発・維持・拡大する活動を、販売活動と呼ぶ。

◆本節では、生産システムを、①製品企画・設計システム、②資材・物流システム、③製造システム、の観点から解説する。

◆さらに、そのための管理システムとして、①管理サイクル、②生産、に関する各種管理活動の項目を示す。

1 生産システムの構造

　経営（management、administration）とは、「経済的な目的を達成するため、財・サービスの生産・流通・販売・使用・3R・廃棄などを計画的に設計し、組織し、運用する総合的な活動、又はその意識的活動形態。注釈1　企業、法人、自治体など経営の主体組織を“経営体”という」（JIS Z 8141：2022-1101）と定義される。経営工学（Industrial Engineering）とは、インダストリアルエンジニアリング、またはIEともいい、「経営目的を定め、それを実現するために、環境（社会環境及び自然環境）との調和を図りながら、人、物（機械、設備、原材料、補助材料、エネルギーなど）、金、情報などを最適に計画し、運用し、統制する工学的な技術・技法の体系。注釈1　時間研究、動作研究など伝統的なIE技法に始まり、生産の自動化、コンピュータ支援化、情報ネットワーク化の中で、制御、情報処理、ネットワーク、最適化、シミュレーションなど様々な工学的手法が取り入れられ、その体系自身が経営体とともに進化している」（JIS Z 8141：2022-1103）と定義される。

　図表1-1-1に、経営活動における生産システムと生産管理システムの関連性を示す。ここでは、まず製品企画と製品設計について述べる。次に、資材システムと物流システムについて示す。そして、それらの活動やシステムがどのように関連して、製造システムから製品が市場へ供給できているのかについて説明する。

　2では、この製造システムでの製造活動をマネジメントの観点から実現する、広義の生産管理システムについて説明する。

（1）製品企画・設計システム

Ⅰ　製品企画と製品計画

　製品企画・製品計画では、マーケティング活動などにより企業環境（市場ニーズ、競争企業の動向、社会経済の状況）を的確に把握し、自社技術の開発状況（技術調査）に基づき、新製品のコンセプトをまと

図表1-1-1 ●経営活動における生産システムと生産管理システムの関連

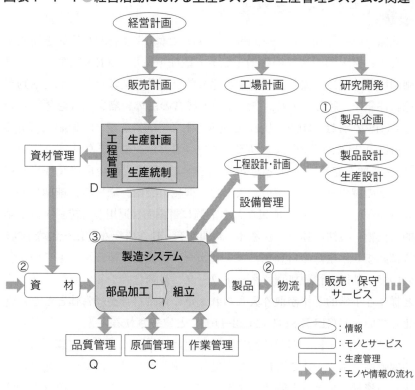

め、品質目標・性能目標・原価目標を設定する。そして、販売目標数や製品ライフサイクルの見積もり、さらに利益計画に基づいた製品化の審査、目標とした販売時期から製品開発プロジェクトのスケジュール（大日程計画に影響を与える）を決定し、プロジェクトの組織体制を整える。

　販売部門では、市場の需要動向を踏まえて、販売計画を策定する。この販売計画を立案するうえで、販売側のセールス・マーケティング活動などに加えて、市場からの潜在的な需要を把握することが必要となる。需要予測は、統計的手法を過去の需要や販売実績に適用することで将来を予測するものである。需要予測では、過去の製品または類似製品の販売、需要などの実績値を蓄積しておくことが必須であり、マーケティン

グイベントや競合企業の活動などに関する事実の集積が望まれる。

Ⅱ　製品設計および生産設計

　一方、製品設計は、製品企画で定めた新製品のコンセプトを具体化することである。製品設計として、意匠設計や機能設計を含む基本設計、そして部品設計を含む詳細設計がなされる。そのために設計図を製作し、製品の部品構成を部品構成表として定義し、製品やそれらの部品の寸法や素材などの設計諸元を仕様書としてまとめる。

　この中でも部品構成表（Bill of Materials：BOM）は、生産管理におけるさまざまな管理業務に利用される重要な情報であり、たとえば、工程設計、生産計画に対応した材料計画、資材管理、原価管理、販売管理などでそれぞれの目的のためにこの部品構成表情報を参照することがある。

　なお、このような各設計段階で、デザインレビュー（Design Review＝DR、設計審査）がなされ、試作や試験が繰り返される。また、生産設計の観点から作りやすくて、コスト削減がねらえる製品設計へと変更・改良する。

（2）資材・物流システム

　物流は、調達物流（ここでの資材システム）と販売物流（ここでの物流システム）に分けられる。

　調達物流と販売物流以外にも、工場内では生産活動のために物流が必要になるが、それを工場内物流といい、マテリアルハンドリング（Material Handling：MH）に分類されることが多い。

Ⅰ　資材システム

　資材システムの中で調達物流は、原材料や部品をサプライヤー（調達先）から発注側の工場に運ぶことである。

　調達にかかわる業務プロセスの主な機能をまとめると次のようになる。

　①　量産以前の調達に関する業務

　　ア　内外製区分の決定——製品のどの部分を外部に委託するか

　　イ　購買方針の決定——購買活動の基本的な方針の策定と公開

　　　ウ　調達先の選定——どのサプライヤーを調達先とするか

　　　エ　デザインイン——調達先からの開発活動への参加

　　② 量産以降の通常の生産活動のための調達に関する管理業務

　　　ア　外注管理

　　　イ　発注——調達システムの設計と自社の生産計画に連動した注文

　　　ウ　検収——受け入れと検査

　　　エ　在庫管理（詳しくは第4章第3節「在庫管理」で説明する）

Ⅱ　物流システム

　経営学における物流は、商流における流通システムの意味で使われることがある。つまり、流通システムが取り扱う課題として、販売チャネル、価格設定、在庫管理、広告、店舗の管理なども含めており、運搬より販売活動を対象としている。しかしここでは、物流をモノ Key Word の移動およびそれに関連する諸活動に限定することにする。

　物流システムの目的は、基本的には品物を目的地まで運ぶことであり、その過程において包装、保管、荷役、輸送、加工、配送、情報処理などの業務が発生する。

（3）製造システム

　生産（production、manufacturing）とは、製造ともいい、「生産要素である素材など低い価値の経済財を投入して、より高い価値の財に変換する行為又は活動。注釈1　製造は人工的であり、生産は自然活動も含むという区別をする場合もある」（JIS Z 8141：2022-1201）と定義される。この生産と製造の区別に関しては、慣用的に、生産は生物が自己形

Key Word

　モノ——本書では「モノ」と「物」を使い分けている。「モノ」は3M（Man、Machine、Material）のMaterial、原材料を示すときに用い、「物」は機械・設備、原材料、補助材料およびエネルギーなどの資源を合わせて示すときに用いる。

成する過程を意味している場合を含んでおり、製造より広い意味に使われることもあるが、工業的な範囲ではほとんど同じ意味に使われることが多い。

　図表1-1-2は、製造システムを取り巻いている企業の経営活動との関係を示している。この製造システムの目的は、調達活動に基づいて製造対象となる原材料や部品などの素材の資源をインプットとし、生産手段の資源を利用してそれらの素材を製品へと付加価値を付ける変化のプロセスを生成することにより、アウトプットとしてその製品を販売活動を通じて市場へ供給することにある。

図表1-1-2 ● 製造システムを取り巻く企業の経営活動

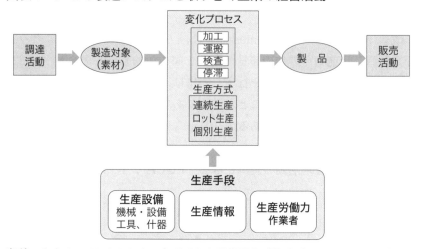

出所：サイバーコンカレントマネジメント研究部会『サイバーマニュファクチュアリング－eラーニングで学ぶモノづくり－』青山学院大学総合研究所ALM2プロジェクト、2004年

2　管理活動と生産管理

(1) 管理活動のサイクル

　管理（management、control）とは、「経営目的に沿って、人、物、金、

情報など様々な資源を最適に計画し、運用し、統制する手続及びその活動。注釈1　管理対象を明確に、"○○"と限定した場合には"○○管理"という。特に、管理を"統制"の意味に限定する場合にはcontrolを用いることがある」（JIS Z 8141：2022-1104）と定義される。

　つまり、図表1-1-3に示したように、効果的な管理は、対象とする作業について、計画（Plan）、実施（Do）、評価（Check）、対策（Act）という要素を繰り返すことによって行われる。すなわち、まず活動の計画を立て、それに従って実施し、その結果を評価する。この結果が目標どおりでなければ計画を練り直し新しい計画を作る。その計画について再び実施、評価、対策を繰り返す。これを"PDCAのサイクルを回す"という。また、Pを標準化（Standardize）のSに代えて"SDCA"サイクルということもある。

　改善（KAIZEN、improvement）とは、「生産システム全体又はその部分を見直し、能力その他の諸量の向上を図る活動」（JIS Z 8141：2022-1110）と定義される。改善を行うためには、PDCAサイクルを回しながら、着実に前進させていくことが重要であり、改善を継続的改善の意味で使用することが一般的である。

図表1-1-3 ● 管理活動の基本となる"PDCAサイクル"

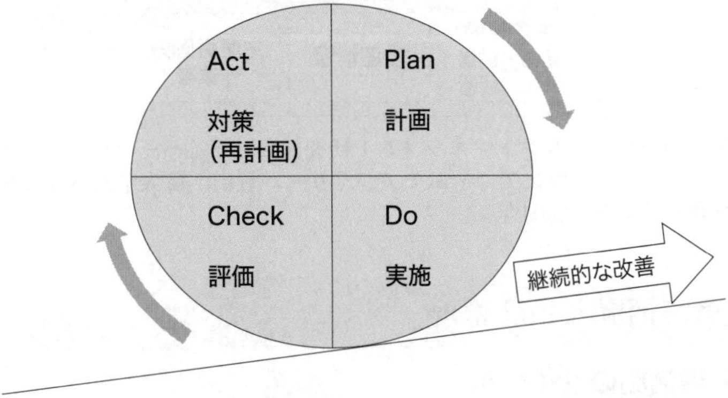

（2）生産に関する各種管理活動

　ここで生産管理について考えてみると、人により生産管理の定義や概念が異なっており、さらに、それぞれの生産方式により、生産管理の扱う業務内容も異なっている。一般的に、広義の生産管理の範囲として、次の 6 つの諸管理活動を指すことがある。

① 　工程管理（生産計画、生産統制）
② 　品質管理
③ 　原価管理
④ 　設備管理
⑤ 　作業管理
⑥ 　資材管理（購買管理、外注管理、在庫管理）

　広義の生産管理の中で特にポイントとなる生産管理の第一管理と呼ばれるものに、Quality を扱う品質管理、Cost にかかわる原価管理、そして Delivery（納期）を取り扱う工程管理がある。後述するようにこの QCD は顧客満足を得るための需要の 3 要素ともいわれ、広義の生産管理の目的ともつながっている。

作業管理の考え方

学習のポイント

◆仕事の構成要素とその役割を整理したうえで、作業管理の意義および生産管理における位置づけを理解する。
◆作業管理における管理のサイクルについて理解し、実践できるようにする。
◆作業管理の重要な項目である標準時間の設定の意義について理解する。

1 作業管理の意義

(1) 仕事の構成

　作業管理の内容に入る前準備として、これから対象とするモノづくりを中心とした仕事全体の、モノとその変化について触れておくことにす

図表1-2-1 ●仕事の構造

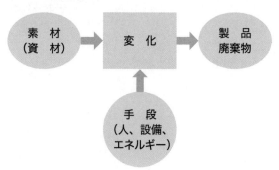

る。図表1-2-1に示したように、モノづくりでの仕事は素材から製品へ変化する、対象物としてのモノの流れと、その変化を助けるための手段としての物がある。

（2）仕事の区分

　仕事（job）とは、ジョブまたは職務ともいい、「人及び機械・設備に割り当てられた作業の集合」（JIS Z 8141：2022-1222）と定義される。作業（operation）とは、「対象物の物的、情報的な特性の人為的な変化、観察、評価、処理など」（JIS Z 8141：2022-1223）と定義される。分析をすることとは分けてみることである。時間軸の中で仕事を分けてみる見方として、仕事における変化の内容を5段階の細かさで分ける図表1-2-2に示す方法がある。工程（process）とは、プロセスともいい、「入力を出力に変換する、相互に関連する経営資源及び活動のまとまり」（JIS Z 8141：2022-1231）と定義され、これだけでは同図表の作業との関係は示されていない。分析、改善の対象となる工程は、作業よりは大きい活動のまとまりである。工程は、たとえば切削工程、研磨工程、組立工程のような表現で示されたり、加工工程、運搬工程のような分析手法における表現で示される。

図表1-2-2 ● 仕事の区分方法

| 工程 | 単位作業 | 要素作業 | 単位動作 | 要素動作 |

　単位作業（work unit）とは、「一つの作業目的を遂行する最小の作業区分」（JIS Z 8141：2022-5109）と定義され、工程を分解したときの1区分である。たとえば、組立工程を単位作業の細かさで区分すると、パネル組立、電源組立、スイッチ組立のような区分となる。要素作業（work element）とは、「単位作業を構成する要素で、目的別に区分される一連

の動作又は作業」（JIS Z 8141：2022-5110）と定義される。たとえばスイッチ組立では、「スイッチの部品を基板にはめる」「ネジを締める」「はんだ付けをする」「検査をする」「製品箱へ置く」などの要素作業に区分される。

　動作（motion）とは、「作業を行うときの、人の手、足、頭又は胴体の動き」（JIS Z 8141：2022-1226）と定義される。1つの要素作業は、単位動作に区分される。単位動作は、一連の要素動作の集まりであり、たとえばネジを締める要素作業は、「ネジを取る」「ドライバーを取る」「ネジを締める」「ドライバーを置く」という単位動作から構成される。さらに1つの単位動作は、要素動作に区分される。要素動作は、動作研究における最小の作業区分であり、サーブリッグ（→本章第3節❷）、動素とも呼ばれる。たとえば、「ネジを取る」という単位動作は、「部品箱へ手を伸ばす」「部品箱からネジを選ぶ」「ネジをつかむ」「ネジを手元へ運ぶ」という要素動作から構成される。

（3）作業管理の意義と目的

　作業管理（work management）とは、「作業方法の分析・改善によって、標準作業と標準時間とを設定して、この標準を維持する一連の活動体系。注釈1　作業管理に必要な基礎的技術を、作業研究又は方法工学という」（JIS Z 8141：2022-5101）と定義される。管理は計画と統制から構成されていることから、対象とする作業についての計画を立てること、その計画が正しく実行されるように活動することが作業管理のねらいとなる。

　作業管理の対象は、生産システムにおける人（専門技能者、作業者、運搬担当者、検査担当者、リリーフマン、フォアマン、現場管理者など）による作業であり、それら作業によって生産が実施される。人による作業は、手作業による加工、監視作業、生産数のカウントや目視検査などのように人が単独で行える作業と、工具や測定具などの道具を用いた作業、さらに機械、車両や設備などに対して入力・読み取り・操作を行う

作業に分けられる。したがって、作業の標準を決めないで適切な作業管理を行わなければ、個人の技能や特性によって、同じ作業環境のもとで、同じ時間を働いたとしても作業の成果は異なってしまい、また、同じ人が作業してもその時々で作業結果は変動してしまうことがある。

　昔から仕事を行う場合、時間がどのくらいかかるかということは、仕事の計画担当者にとって重大な関心事である。そのため、標準的な作業を定め、これを実際に遂行できる標準的な時間を設定することはきわめて重要なことである。標準作業と標準時間を定めて作業計画を作り、これを用いて管理を行うという考えを最初に提案したのは、テイラー（F. W. Taylor）の科学的管理法における課業管理といわれている。その後、作業研究や方法工学の発達により、作業管理の内容は充実してきたのである。課業（task）とは、「道具、装置又はその他の手段を用いて、特定の目的のために行う人間の活動又は作業」（JIS Z 8141：2022-1225）と定義される。科学的管理法では、標準の作業速度に基づいて設定された、1日の公正な仕事量を課業と呼んでいる。仕事量（work load）とは、「仕事を遂行するために必要な仕事の密度と時間との積」（JIS Z 8141：2022-1224）と定義される。

　生産における技術革新は絶えず行われており、作業環境や作業情報システムも変化していくから、作業管理の基準となる標準作業や標準時間は、現実の変化に対応して適宜、改定していくものである。このような作業管理の基準の改定も作業管理の活動であるから、作業管理は、生産システム内の作業を管理するための、次のような一連の活動であり、生産システムの変化に対応しながら継続的に実施していく活動をいう。

① 作業改善──最も合理的で生産性の高い作業方法の発見・追求
② 作業の標準化──作業方法、原材料、設備、工具、作業環境などの標準化
③ 標準作業と標準時間の設定──標準的な作業者による課業遂行時間の見積もり
④ 標準の維持──上記を通して設定された作業方法の指導

　わが国においては、労働基準監督署の労働基準監督官が、労働基準法、最低賃金法、労働安全衛生法等の法律に基づき次のような職務を行っている。すなわち、労働者の一般労働条件や安全・健康の確保・改善のため、工場や事業場等に臨検監督を実施し、法律違反が認められた場合には、事業主等に対しその改善を求めたり、行政処分として危険性の高い機械・設備等の使用を禁止する等の職務である。このような法律に基づく作業の改善は当然のことであるが、常に作業環境や作業方法を改善し、上記の一連の活動を行っていくことが大切である。

　作業研究とは、work study（イギリス）、motion and time study、methods engineering（アメリカ）、方法工学とも呼ばれ、「作業を分析して実現し得る最善の作業方法である標準作業の決定と、標準作業を行うときの所要時間から標準時間とを求めるための一連の手法体系」（JIS Z 8141：2022-5102）と定義される。
　作業研究の対象となる作業の構成は、図表1-2-3のとおりである。
　作業研究は、生産に必要な資材、設備、労働力を合理的に使用する適切な方法を確立するための技術であり、その内容は、方法研究（method study）と作業測定（work measurement）とから構成されている。
　方法研究とは、「作業又は製造方法を分析して、生産要素を有効に活用して目的を達成する作業方法又は製造工程を設定するための手法体系」（JIS Z 8141：2022-5103）と定義される。すなわち方法研究は、生産の流れを調査分析して不必要な工程を廃止するなど生産工程を改善するとともに、そこで行われる作業方法を改善する研究であり、その結果を標準

図表1-2-3●作業の構成

化して標準作業とする。

　方法研究の内容は、主として、生産対象が生産工程を移動する面から分析する工程分析、工程における個々の作業について作業方法を分析する作業分析、作業方法を作業者の動作によって分析する動作分析から成り立っている。

　作業測定とは、「作業又は製造方法の、実施効率の評価及び標準時間を設定するための手法」（JIS Z 8141：2022-5104）と定義される。作業測定は、平均的な熟練度の作業者が標準作業を標準速度で行ったときの所要時間から、適正な標準時間を求めるための手法である。

　作業測定の方法は、直接測定法と間接測定法に大別される。直接測定法は、作業の時間的経過を直接観測して標準時間を決める方法である。これには、ストップウォッチ法、映画法、VTR法、ワークサンプリングなどがある。間接測定法は、これまでの測定値や経験的数値などの過去の記録を集めて分析し、要素作業別基礎時間データを作り、このデータを用いて標準時間を求めるもので、PTS法や標準資料法などがある。

　直接測定法による場合、作業ペースに個人差があるため、観測時間は個人ごとに異なるものとなる。したがって、直接観測の測定時間をそのまま標準時間とすることはできないので、作業者のペースを評価して、その職場の平均的な熟練度の作業者が持続可能なペースで行うときの作業時間に補正する必要がある。この手続を、レイティング（平準化）という。

（4）作業の管理サイクル

　作業管理は作業の標準化と作業の統制から構成される。

　本章第1節 **2**（1）「管理活動のサイクル」で示したように、管理を円滑に行うためには、PDCAのサイクルを効果的に回していく必要がある。作業管理においても、計画を立て、実行し、評価して、対策をとるというサイクルがある。作業管理の構成要因である作業の標準化と作業の統制をこのサイクルに当てはめると、前者は計画段階に、後者はそれ以降の

実行・評価・対策の段階に対応している。詳しくは次項で述べるが、作業管理においては、次のような内容によりPDCAを回していくことになる。

○計画（Plan）段階——作業の標準化を図る段階であり、作業方法とその時間の設定が中心となる。

○実行（Do）段階——標準化された作業を設定された時間どおりに遂行できるように作業環境を整え、作業者に標準化されたとおりの方法で実行させる段階である。

○評価（Check）段階——実施した結果の実績データを取り、標準どおりの作業方法で行っているか、計画どおりの時間で作業が行われているかどうかを確認する段階である。

○対策（Act）段階——評価した結果、標準どおりになっていない場合の原因を追求し、対策を考え、次の計画へつなげる段階である。

2 作業管理の構成

（1）作業管理の内容と分類

■1で述べたように、作業管理は作業の標準化と作業の統制から構成されている。作業の標準化には作業方法の標準化と作業時間の標準化がある。標準化された作業方法である標準作業（standard operation）とは、「製品又は部品の製造工程全体を対象にした、作業条件、作業順序、作業方法、管理方法、使用材料、使用設備、作業要領などに関する基準の規定」（JIS Z 8141：2022-5501）と定義される。作業標準の内容を記したものを標準作業票と呼び、生産形態や製品により異なるが、おおむね以下に列挙する項目が含まれる。なお、標準化された作業時間を標準時間と呼ぶ。

① 作業目的——対象の製品や部品とその構成、作業遂行の目的など
② 作業順序——製品または部品の加工順序および工程など
③ 作業方法・条件——工程別の使用機械、治工具類、必要とする作業者の技能レベル、作業方法、標準時間など

④ 使用原材料・部品——材質、形状、寸法、略図など

⑤ 品質規格——品質条件、品質規格、要求される品質レベル、品質特性、検査方法、品質に影響する作業ポイント、作業上の留意点など

⑥ 管理方法——在庫の条件、部品の供給方法、管理ポイントなど

⑦ 作業要領——作業場のレイアウト、作業上のポイント、安全・能率面での留意点など

⑧ 環境条件——作業場の温度、湿度、空気調和、照明など

⑨ 設備管理——設備に関する保全方法、保全作業の留意点など

⑩ トラブル対策——異常時の処理方法、連絡先、報告の方法など

作業の統制には以下の3点がある。

① 作業が予定どおりに進んでいるかどうかを管理すること。仕事が予定どおり（納期どおり）に完了させることがねらいであり、進捗管理（進度管理）、納期管理等の管理活動がそれに当たる。

② 完成数量が確保できるかどうかを管理すること。主として見込生産では決められた量を決められたときに納入する必要がある。進捗管理、現品管理等の活動がそれに当たる。

③ 機械や作業者の稼働率を上げ、できるだけあそびや手待ちが起きないように管理すること。余力管理等の活動がそれに当たる。

生産統制の後、仕事の終了時点で後始末をしなければならない。これを事後処理と呼んでおり、予定どおりに仕事が進まなかった場合も含め、以下に示すような処理が発生する。

① 後始末——その職場で完成したものを次の職場や検査に送る。治工具や金型、余った原材料などを片付け、次の仕事がしやすいようにする。

② 不適合品への対応——手直しできるものは、手直しをして次の職場に送る。手直しできないものは廃棄の処置を行う。廃棄すると、欠品が出ないようにその代わりのものを生産する必要がある。

③ 報告——不適合品の発生の場合には、不適合品が出た状況を確認し、まずは応急処置をとる。原因を追求し、対応がとれる場合には

改善活動により対策をとり、再発を防止する活動を行う。これらの活動時には、同じ原因で再発しないようにできるだけ詳しく記録として残しておくことが大切である。また、これらの記録は検索しやすくしておかなければ、利用価値が薄い。

(2) 作業管理の手順と方法

　作業管理の基本的な手順は、本節**1**(4)「作業の管理サイクル」に基づいて進められる。なお、作業の実行段階では、次の点に留意する必要がある。

① 　変化への対応——受注生産やロット生産では、準備・後始末作業が頻繁に行われるため、作業現場が激しく変化している。それに伴い、重大事故につながる小規模な障害が発生することが多くなる。特に、定型作業間の繰り返しの少ない作業についてきめ細かく管理する必要がある。

② 　対応の迅速性——事故が起きた場合、不適合品が多発した場合、機械故障が発生した場合などの処理、準備段取作業、原材料補給などのつなぎの作業に対してすぐに対応する必要がある。そのため、たとえば事故処理などの作業手順書も整備しておく必要がある。

③ 　状況の把握——②で示した状況をできるだけ詳しくデータとして調査・分析・記録する。できれば時々刻々の作業データを取り、できない場合でも一定期間ごとに実績データを取る。なお、作業データを取るための分析には、本章第3節で学ぶIEの手法が利用される。

④ 　責任部署の明確化——計画段階としての作業の標準化に関しては製造技術や生産技術などの部署が責任をもち、作業標準書の作成・改定を行う。一方、生産統制に関しては現場管理者が責任をもち、納期の遵守、目標生産量の確保を行う。ただし、責任権限の分担が行われても、相互に密接に情報を交換しながら活動することが重要である。

（3）標準時間設定のねらいと意義

Ⅰ　標準時間とは

　標準時間（standard time）とは、「その仕事に適正をもち、習熟した作業者が、所定の作業条件の下で、必要な余裕をもち、正常な作業ペースによって仕事を遂行するために必要とされる時間」（JIS Z 8141：2022 -5502）と定義される。この定義では、作業者の条件、作業に関する条件、余裕、作業ペースについて規定している。作業に関する条件は具体的には明示されていないが、使用する機械・設備や治工具、素材の置き方、レイアウト、作業方法、作業環境（温度、湿度、音、照明など）といった作業時間に影響を及ぼす諸条件が含まれている。標準時間は、図表1 -2-4に示すように、主体作業時間（サイクルごと、または一定周期ごとに発生する作業時間で、主作業時間と付随作業時間とに分けることができる）と準備段取作業時間（ロットごと、始業の直後および終業の直前に発生する準備、段取、運搬などの作業時間）に分類され、いずれの時間も正味時間と余裕時間とから構成される。

図表1-2-4 ● 標準時間の構成

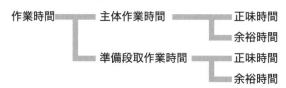

　余裕（allowance）とは、「作業に関して不規則的・偶発的に発生する必要な行動で、作業を遂行する上での避けられない遅れ」（JIS Z 8141：2022-5108）と定義される。余裕は、管理余裕と人的余裕に大きく分類され、管理余裕は作業余裕と職場余裕に、人的余裕は用達余裕と疲労余裕に、それぞれ細分化できる。各余裕の内容は図表1-2-5のとおりである。

　正常な作業ペースは、熟練度、適性、作業意欲、その他の面で、平均的な作業者が、正常な作業条件のもとで標準の作業方法に従い、通常の

図表1-2-5●余裕の分類とその内容

大分類	小分類	内　　容	具　体　例
管理余裕	作業余裕	作業をするうえで、不規則的・偶発的に発生する作業要素であるため正規時間に入れることができない作業と、その作業特有の避けることができない作業の遅れや中断	機械調整、機械への注油、切粉の不定期処理、作業域の整理、工具の研磨や交換、工具の借り入れや返却、図面読み、加工品の整理、清掃など
管理余裕	職場余裕	本来の作業とは無関係に発生する職場に特有な遅れ。同じ職場の作業者なら同じように影響される性質をもつ	朝礼、連絡打ち合わせ、伝票扱い、始終業時の職場清掃、原材料や製品の運搬、原材料待ち、作業指導、職場打ち合わせ、停電、設備・資材管理の不備、工場の行事など
人的余裕	用達余裕	作業そのものとは関係のない人間の生理的・心理的欲求を満たすための余裕	用便、水飲み、汗拭き、冬季の暖取りなど、疲労回復以外の生理的要求に対して与えられる余裕
人的余裕	疲労余裕	作業による疲労を回復するための余裕	重量物の取り扱い、環境の著しく悪い場合の休憩など。疲労により作業ペースが低下する場合や、与えないと長期の間に精神的・肉体的に悪影響が発生する場合に与えられる余裕

出所：藤田彰久『新版 IEの基礎』建帛社および日本経営工学会編『生産管理用語辞典』日本規格協会より

努力によって作業を行うときのペースである（藤田彰久『新版 IEの基礎』建帛社）。

Ⅱ　標準時間設定のねらい

　標準時間は、工場における生産活動だけではなく、営業活動やサービス業においても計画、統制、評価などに幅広く用いられる。標準時間の利用目的には以下のようなものがある。

① 生産計画と日程計画の基礎資料
② 標準作業量の設定
③ 職場における適性人員の算定

④　作業時間の目標設定

⑤　作業指導・教育訓練の資料

⑥　作業能率の評価や作業統制

⑦　作業方法の改善

⑧　作業組織（ラインなど）の編成

⑨　機械などの受けもち台数の適正化

⑩　設備計画・合理化の基礎資料

⑪　原価見積や販売価格の設定

⑫　外注単価の決定

⑬　予算統制と原価管理、能率給・職務給設定の基礎資料

⑭　職務評価と生産性の測定

Column　知ってて便利

《作業の標準化とIE》

　生産における管理技術の1つにインダストリアルエンジニアリング（Industrial Engineering：IE）があるが、作業方法の標準化と作業時間の標準化がIEの発生と関連している。

　テイラー（F. W. Taylor）は、作業者の作業を観察し、同じ仕事をこなすにも人により差があることに気がついた。多くの量をこなす人には高賃金を払い、作業者の不公平感をなくすことを考えた。そのためには、作業量の物差しが必要とされ、ストップウォッチにより作業時間の測定を行った。これにより作業者の「1日の公正な仕事量（a fair day's work）」の考え方が生まれ、標準時間の概念ができた。

　一方、ギルブレス（F. B. Gilbreth）は、レンガ積みの職人となり建設現場で働いていたときに、作業方法が人により異なることに気がついた。その観察から、主として手の動作による作業方法のよさを解析する研究を行い、夫人とともに「仕事の最善な方法（one best way）」を見いだす手法を完成させた。この考え方が標準作業の設定に結びつき、標準時間の概念と合体してIEの礎となった。

第 3 節　IEの分析手法と改善方向

◆インダストリアルエンジニアリング（Industrial Engineering：IE）分野で用いられている分析手法の考え方とそのねらいについて理解する。
◆各分析手法における分析方法を知り、分析ができるようにする。
◆各分析手法を用いて、改善の方向性を知り、改善ができるようにする。

1　工程分析

（1）工程分析の考え方とねらい

　工程分析（process analysis）とは、「生産対象物が製品になる過程、作業者の作業活動、及び運搬過程を、対象に適合した図記号で表して系統的に調査・分析する手法」（JIS Z 8141：2022-5201）と定義される。工程分析の種類として、この定義の中に示されたように、素材から製品になる過程を分析する製品工程分析、作業者の変化を分析する作業者工程分析、モノが運搬されるプロセスを中心に分析する運搬工程分析などがある。

　工程分析の一般的なねらいは以下のとおりである。

① 　分析対象の変化の様子を概括的に把握する
② 　ムダな工程を発見する
③ 　プロセスの順序や組み合わせ、および変化の内容についての変更の可能性を調べる

図表1-3-1 ●工程分析の種類とねらい

種　類	ね　　ら　　い
製品工程分析	工程系列について、原材料・部品・製品などのモノの流れに着目して分析する手法で、製造プロセス全体に関する総合的な実態把握を行い、問題点を摘出する。
作業者工程分析	一連の作業者の行動を対象にして、人の動きに着目して分析する手法で、作業者の行動に関する問題点を摘出する。
運搬工程分析	製品工程分析に出てくる運搬や停滞、あるいは作業者工程分析に出てくる移動やモノの上げ下ろしなど、いわゆるマテリアルハンドリングに関して特に詳しく分析し、問題点を摘出する。

出所：日本科学技術連盟FIE運営委員会編『IEによる職場改善実践コーステキスト』
　　　日科技連出版社より

④　改善の対象とする変化を見いだす
⑤　生産プロセスの設計を行うときの基礎資料とする
また、各分析手法についてのねらいを図表1-3-1に示す。

（2）工程分析の方法

Ⅰ　製品工程分析

製品工程分析で用いる分析記号は、図表1-3-2に示したJIS Z 8206：1982「工程図記号」に規定されている。要素工程として、加工、運搬、停滞および検査の4つがあり、停滞は貯蔵と滞留に、検査は数量検査と品質検査に再分類される。運搬の記号としては○よりも⇨のほうが一般に多く用いられている。また、貯蔵と滞留に分けないで停滞で分析する場合には▽で、数量検査と品質検査に分けずに検査で分析する場合には□でそれぞれ表す。

補助図記号は工程系列の順序関係を図示するために用いる記号であり、図表1-3-3に示す。

複合記号は、2つの要素工程がもつ機能や状態が、1つの要素工程で同時に発生する場合に用いる。主となる要素工程の記号を外側に、従となる要素工程の記号を内側に示す。→図表1-3-4

図表1-3-2 ● 工程図記号（基本図記号）

要素工程	記号の名称	記号	意 味	備 考
加工	加 工	○	原料、材料、部品または製品の形状、性質に変化を与える過程を表す。	
運搬	運 搬	○	原料、材料、部品または製品の位置に変化を与える過程を表す。	運搬記号の直径は、加工記号の直径の1/2～1/3とする。記号○の代わりに記号⇨を用いてもよい。ただし、この記号は運搬の方向を意味しない。
停滞	貯 蔵	▽	原料、材料、部品または製品を計画により貯えている過程を表す。	
	滞 留	D	原料、材料、部品または製品が計画に反して滞っている状態を表す。	
検査	数量検査	□	原料、材料、部品または製品の量または個数を測って、その結果を基準と比較して差異を知る過程を表す。	
	品質検査	◇	原料、材料、部品または製品の品質特性を試験し、その結果を基準と比較してロットの合格、不合格または個品の良、不良を判定する過程を表す。	

出所：JIS Z 8206：1982より抜粋

　工程系列における加工順序を示す場合には、加工記号の中にその順序番号を記入する。運搬手段を示す必要がある場合には、運搬記号の中にその運搬手段を示す略称や文字を記入する。

　要素工程に合流・分岐する場合には、加工組立生産の場合と、液体・粉体・粘体・気体などを扱う装置生産の場合では表現方法に違いがある。

図表1-3-3●工程図記号（補助図記号）

記号の名称	記号	意　　味	備　　考
流れ線		要素工程の順序関係を表す。	順序関係がわかりにくいときは、流れ線の端部または中間部に矢印を描いてその方向を明示する。流れ線の交差部分は、⌒ で表す。
区　分	〜〜〜	工程系列における管理上の区分を表す。	
省　略	＝＝	工程系列の一部の省略を表す。	

出所：JIS Z 8206：1982 より

図表1-3-4●複合記号の例

複合記号	意　　味
◇	品質検査を主として行いながら数量検査もする。
▢	数量検査を主として行いながら品質検査もする。
◯	加工を主として行いながら数量検査もする。
◯	加工を主として行いながら運搬もする。

出所：JIS Z 8206：1982 より

加工組立生産では、要素工程の間（合流は要素工程の前、分岐は要素工程の後ろ）に流れ線を記入する。装置生産では要素工程に直接流れ線を記入する。→図表1-3-5

　工程図記号を用いた分析例を、図表1-3-6および図表1-3-7に示す。図表1-3-6は1本の鋼材が加工されていく様子が示されている。図表1-3-7は組立加工型の生産プロセスの例である。通常は安定している貯蔵の状態から、最後の貯蔵の状態までを分析するため、初めと終わりの記号は▽となる。また、図表1-3-6に対応して、レイアウト図上に工程図記号を用いて描いた分析図をフローダイヤグラムと呼び、レ

図表1-3-5 ● 合流、分岐の流れ線の描き方

合流・分岐点	生産方式	合流する場合	分岐する場合
要素工程間	組立生産方式で多く見られる	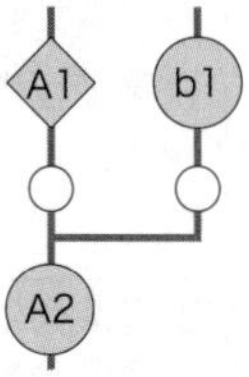 A1 b1 / A2	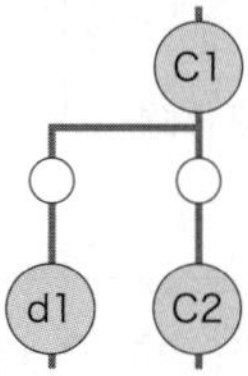 C1 / d1 C2
要素工程内	装置生産方式で多く見られる	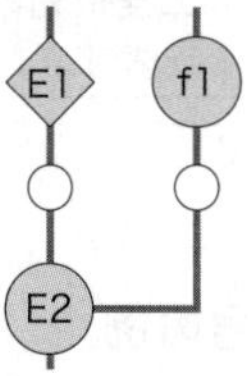 E1 f1 / E2	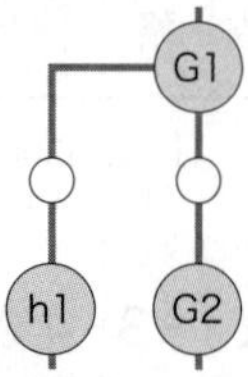 G1 / h1 G2

出所：JIS Z 8206：1982に基づいて作成

イアウトの改善に用いられる。→図表1-3-8

Ⅱ　作業者工程分析で用いる記号

　作業者工程分析で用いる記号は、製品工程分析の工程図記号が援用されている。基本的には、図表1-3-9のように作業、移動、手待ちおよび検査に分類され、手待ちは計画された手待ちと計画に反した手待ちに、検査は数量検査と品質検査にそれぞれ細分類されている。

Ⅲ　運搬工程分析

　運搬工程分析では、製品工程分析と異なる記号がいくつか用いられる。図表1-3-10の基本記号に示すように、製品工程分析あるいは作業者工程分析の移動の内容が、品物の位置が変化している移動とその前後で起こる取扱いに分けて分析される。また、検査の記号は用いられず、加工として扱われている。

　品物の置き方を運び出しやすさの観点から分類して、台記号で示す。台記号には図表1-3-11に示す5種類があり、表の下に行くほど運び出

図表1-3-6 ● 直列型の製品工程分析図（車軸部品より抜粋）

距離(m)	時間(min)	工程経路	工程の内容説明
		▽	材料倉庫で
15	0.85	⑦	フォークリフトトラックでライントップへ
	125.00	▽	パレットの上で
1	0.05	手	手で機械へ
	1.00	①	フライス盤で端面切削
3	0.20	⊐	コンベヤで自動搬送
	1.00	②	旋盤で軸部荒削り
3	0.20	⊐	コンベヤで自動搬送
	0.50	③	旋盤で軸部仕上げ削り
3	0.20	⊐	コンベヤで自動搬送
	1.50	◇④	軸径自動検査
3	0.20	手	手で仕掛り置き場へ
	62.50	▽	パレットの上で
1	0.05	手	手で機械へ
	0.25	⑤	軸端歯切り
5	0.35	⊐	コンベヤで自動搬送
	0.25	⑥	洗浄
5	0.35	⊐	コンベヤで自動搬送
	0.70	⑦	軸部焼入れ
2	0.10	手	手で仕掛り置き場へ
	62.50	▽	パレットの上で
2	0.10	手	手で機械へ

注）⑦、⊐、手はそれぞれフォークリフト、コンベヤ、手による移動を示す。

出所：JIS Z 8206：1982より

図表1-3-7●加工組立型の製品工程分析図（モータの組立より抜粋）

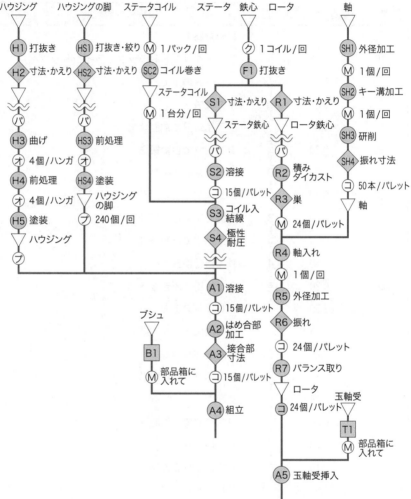

出所：JIS Z 8206：1982より

図表１-３-８●フローダイヤグラム（車軸部品）

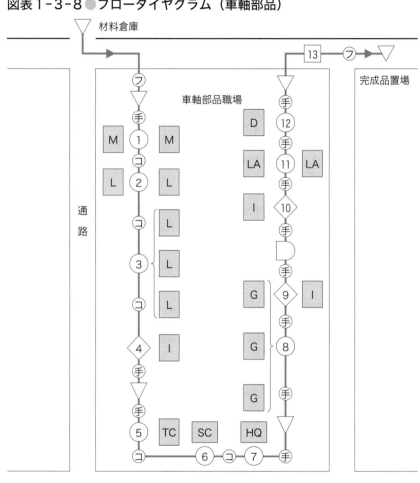

備考
(運搬手段略号)
フ……フォークリフトトラック
手……手
コ……コンベヤ

(機械略号)
M……フライス盤
L ……旋盤
I ……検査機
TC …歯切り盤
SC …洗浄装置

HQ …焼入れ機
G……研削盤
LA …自動旋盤
D……ボール盤

出所：JIS Z 8206：1982より

図表1-3-9 ● 作業者工程分析で用いる分析記号

分 類	記 号	意 味	備 考
作 業	◯	対象物に物理的または化学的変化を加えたり、他のものと組み立てたり、分解したりする行為	加工、移動、検査のための整理準備などの操作も含む
移 動	◯ または ⇨	作業者が対象物をある場所から他の場所へ運搬したり、何ももたずに移動する行為	約1m以内にある対象部の取り扱いは操作として作業の一部と考える
手待ち	▽	材料待ち、運搬具の到着待ち、自動加工中の加工終了待ちなど作業者が待っている状態	計画的な手待ちと計画に反した不本意な手待ちを区別する必要のある場合は、基本図記号を準用する
検 査	☐	数量または品質を調べたり、基準と照合して判定する行為	数量検査と品質検査を区別する必要のある場合は、基本図記号を準用する

出所：渡邉一衛編『IEr養成コース入門テキスト』日本IE協会

図表1-3-10 ● 運搬工程分析の基本記号

記 号	名 称	説 明
⬭	移 動	品物の位置の変化
⌓	取扱い	品物の支持法の変化
◯	加 工	品物の形状の変化と検査
▽	停 滞	品物に何の変化も起こらない

出所：日本MH協会編『マテリアルハンドリング便覧』日刊工業新聞社

すための手間が少なくなる。「平置き」の状態から運び出すためには、「まとめる」ことで箱入りの状態（束ねた状態）にし、「起こして」枕がついた状態（パレットに載った状態）にし、「もち上げて」車に載った状態（コンベヤに載った状態）にし、「動かして」移動中の状態になる。これらの状態は活性示数と呼ばれており、移動中の状態が最も高く4であり、平置き（バラ置き）の状態が最も低く0である。台記号は、基本記号の

図表1-3-11 ● 台記号

記　号	説　　　　　明	読み方	活性示数
――	床、台などにバラに置かれた状態	平（ひら）	0
⌑	コンテナまたは束などにまとめられた状態	箱	1
⊤⊤	パレットまたはスキッドで起こされた状態	枕	2
○○	車に載せられた状態	車	3
⊂⊃	コンベヤやシュートで動かされている状態	コンベヤ	4

出所：日本MH協会編『マテリアルハンドリング便覧』日刊工業新聞社

下に組み合わせて記入する。

　レイアウトの運搬経路やカラ運搬の有無を明確化するために、品物だけではなく、人や運搬設備の動きを示すこともできるように図表1-3-12に示す移動線と呼ばれる記号が用意されている。移動線の区別は、対象物別に分析記号で表現するときの表現方法を規定するものである。

　その他の付帯記号の1つに、図表1-3-13に示した操重記号がある。これは、基本記号の取扱いの内容をさらに細かく、積みと降ろしに区分

図表1-3-12 ● 移動線

表現法	物	人	運搬具
単　色	―	…	―・―・―
多　色	黒	赤	青

出所：日本MH協会編『マテリアルハンドリング便覧』日刊工業新聞社

図表1-3-13 ● 操重記号

区　分	記　号	説　　　　　明
積　み	⌂	取扱いの際に物を積むか、降ろすかを区分する
降ろし	▽	

出所：日本MH協会編『マテリアルハンドリング便覧』日刊工業新聞社

図表1-3-14 ● 運搬工程分析の例

距離（m）	時間（分）	記号	記　　事	重　量		
				正味(kg)	運搬具(kg)	合計(kg)
…			旋盤1の所へ			
	2		旋盤1の所（床）	100	—	100
	120	▽				—
			10回（旋盤）	100	—	100
	180		旋　削			
			10回旋盤1の所（床）	80	—	80
	3	▽				—
	2			80	—	80
20	1		検査台へ	80	—	80
	2		検査台（台上）	80	—	80
	120	▽				—
	30	◯	寸法検査			—

出所：日本MH協会編『マテリアルハンドリング便覧』日刊工業新聞社

けする場合に用いる。

　以上の記号を用いて運搬工程分析を行った例を、図表1-3-14に示す。

（3）工程分析による改善の方向

　工程分析から得られる情報は以下のようにまとめられる。

①　工程系列から得られる情報として

　品物や作業者がどのような工程系列をたどったか、それぞれの記号の回数、移動距離、時間など。

② 停滞や手待ちの情報として

　品物が何もされず置いてある状態、あるいは作業者が何もしないでいた状態の回数や時間など。

③ 移動、取扱いの情報として

　品物が製品化されるまでのプロセスでどのような経路を通過したか、その距離や時間。取扱いの内容や活性示数の値。

④ 加工の情報として

　品物がどのような加工をされたか、その回数と時間。作業者がどのような作業をしたか、その回数と時間。

　図表1-3-15には、製品工程分析に対するチェックリスト、図表1-3-16には、作業者工程分析に対するチェックリストを示す。

図表1-3-15 ● 製品工程分析の改善着眼点チェックリスト

工程	排　除	結　合	交　換	簡素化
全体	やめられる工程はないか	同時に行うことのできる工程はないか	工程の順序を入れ替えたらどうか	できるだけ簡素な流れにできないか
加工	設計変更してその加工を省略できないか	他の工程と一緒にできないか	加工の順序を変えたらどうか	能力向上の設備改善はできないか
運搬	配置を変えて運搬をなくせないか	加工しながら運搬できないか	配置を変えて距離を短縮できないか	運搬ロットを大きくして運搬回数を減らせないか
停滞	配置を変えて停滞をなくせないか	停滞のときに検査したらどうか	工程の順序組み合わせを変えて停滞をなくせないか	停滞回数を減らせないか 停滞時間を短縮できないか
検査	省略できる検査はないか	加工しながら検査したらどうか 質・量の検査を同時にしたらどうか	検査の順序を変えたらどうか	検査回数を減らせないか 検査時間を短縮できないか

出所：渡邉一衛編『IEr養成コース入門コーステキスト』日本IE協会

図表1-3-16●作業者工程分析の改善着眼点チェックリスト

ステップ	改善のためのヒント	簡素化するために
全　体	全体の作業プロセスはいかなる目的に対する手段か	全然別の作業プロセスで目的を達せられないか
作　業	(1) 不必要な作業として (2) 新しい設備や別の設備を用いることによって (3) 配置を変え、設備をうまくまとめることによって (4) 製品設計の一部を変えることによって	(a) 省略できないか (b) 軽減できないか (c) 組み合わせられないか
移　動	(1) 配置を変えることによって (2) 作業プロセスの順序を変えることによって (3) コンベヤその他の機材を使うことによって	(a) 省略できないか (b) 軽減できないか (c) 組み合わせられないか
手待ち	(1) 作業プロセスの順序を変えることによって (2) 配置を変えることによって	(a) 省略できないか (b) 軽減できないか (c) 組み合わせられないか
検　査	(1) 不必要な検査として (2) 検査によって得た情報をあとで活用しやすくすることによって (3) 作業プロセスの最も適当な順序のところで検査することによって (4) 全数検査を抜取検査にすることによって	(a) 省略できないか (b) 軽減できないか (c) 組み合わせられないか

出所：渡邉一衛編『IEr養成コース入門コーステキスト』日本IE協会

2　動作研究

(1) 動作研究の考え方とねらい

　動作研究（motion study）とは、「作業者が行う作業を構成する動作を分析して、最適な作業方法を求めるための手法の体系」（JIS Z 8141：2022 -5206）と定義される。動作研究の手法には、人間の行う動作順序に従ってサーブリッグ記号で記録する微動作分析（サーブリッグ分析法）、対象作業を撮影し、記録するビデオ分析などがある。動作研究には、モーションマインド（motion mind＝動作意識）という考え方がある。モーションマインドとは、「作業方法又は動作方法について、その問題点が判断

でき、より能率的な方法を探究し続ける心構え」（JIS Z 8141：2022-5304）と定義される。無意識に動作を把握し、かつ熟知している動作経済の原則（→本章第4節 **2** **(4)**）に照らして動作の設計・改善・確立が検討できるように訓練された人の能力をいう。

モーションマインドに基づく行動は、以下の3段階に要約される。

① 動作の違いに気がつくこと（差異の発見）

② 動作の違いを明らかにして、よい動作を判断できること（差異の解析）

③ よい動作を作ること（改善）

（2）動作分析の方法

記号により動作を時系列に沿って記録する分析手法には、両手動作分析とサーブリッグ分析がある。ここでは、動作分析の代表的な手法であるサーブリッグ分析を取り上げ、その分析方法について述べることにする。

サーブリッグ（Therblig）分析は、20世紀初めにギルブレス夫妻（F. B. Gilbreth & L. M. Gilbreth）によって開発された手法であり、その名称は英文字のつづりからわかるように、Gilbrethの逆つづりである。サーブリッグ分析では、あらゆる動作に共通な手や目の動きを、図表1‐3‐17に示す18個に分類整理して記号により表現できるようにしたものである。サーブリッグ（therblig）とは、「人間の行う動作を目的別に細分割し、あらゆる作業に共通であると考えられる18の基本動作要素に与えられた名称」（JIS Z 8141：2022-5208）と定義される。サーブリッグは、もともとはギルブレスが形状から意味がわかるように作成した記号で表現していた。しかし、これらの記号はパソコン等において標準となる記号ではないため、外字登録の必要があり、略字により表されることが多い。サーブリッグの記号は、各記号で表現される動作の必要性に着目し、以下の3つに分類される。

〇第一類──仕事をするうえで必要な動作

〇第二類──第一類の動作の実行を妨げる動作

○第三類──作業を行わない動作

なお、第二類にある「見出す」という動作は眼の動作であり、その前の「探す」の直後に表れる記号である。そのため、「探す」に含めて分析

図表1-3-17 ● サーブリッグ記号

分類	名　　称		略字	記号	記号の意味
第一類	手を伸ばす	transport empty	TE	⌣	空の皿の形
	つかむ	grasp	G	∩	ものをつかむ形
	運ぶ	transport loaded	TL	⌣	皿にものを載せた形
	組み合わす	assemble	A	⌗	ものを組み合わせた形
	使う	use	U	∪	使う（use）の頭文字
	分解する	disassemble	DA	╫	組み合わすから1本取り去った形
	放す	release load	RL	⌒	皿からものを落とす形
	調べる	inspect	I	◯	レンズの形
第二類	探す	search	SH	⬯	眼でものを探す形
	見出す	find	F	⬮	眼でものを探し当てた形
	位置決め	position	P	⌒	ものが手の先にある形
	選ぶ	select	ST	→	指し示した形
	考える	plan	PN	♀	頭に手を当てて考える形
	前置き	pre-position	PP	🍾	ボーリングのピンを立てた形
第三類	保持	hold	H	⌓	磁石がものを吸い付けた形
	休む	rest	R	⅄	人が椅子に腰掛けた形
	避けられない遅れ	unavoidable delay	UD	⌁	人がつまずいて倒れた形
	避けられる遅れ	avoidable delay	AD	⌣	人が寝た形

出所：日本経営工学会編『生産管理用語辞典』日本規格協会

する場合があり、17個の記号から構成されるとする場合もある。

　図表1-3-18は、サーブリッグ記号の出現順序のモデルである。第一類の出現順序の基本的なパターンとして、「手を伸ばす」→「つかむ」→「運ぶ」→「組み合わす」「分解する」「使う」「調べる」→「運ぶ」→「放す」がある。「つかむ」は対象物を手のコントロール下に入れる動作であり、「放す」は逆に手のコントロール下から対象物を外す動作である。

　第二類はそれに付随して表れる。「探す」「選ぶ」は「つかむ」前に行われる。「前置き」は次の動作を行いやすくするために行う動作で、「運びながら」行われることがある。そのような場合には、TL＋PP（もち直しながら運ぶ）というように1つのステップで示される。「位置決め」は、対象物間の軸の方向をそろえる動作であり、「組み合わす」直前の段階で起きることが多い。なお、図表1-3-18では「見出す」を省略している。

　第三類の動作は、基本的には何もしない動作であり、いずれも対象物に働きかけて何かをするわけではない。「保持」は、対象物をもったままでいる動作であり、「位置決め」や「組み合わす」「分解する」「調べる」

図表1-3-18 ● サーブリッグ記号の出現順序

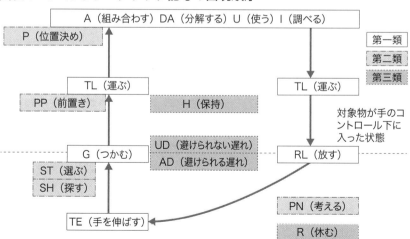

ときの相手の手の動作として起きることが多い。「遅れ」には２種類の動作が用意されている。動作を起こそうとしてできるのに行わない場合は、「避けられる遅れ」であり、動作を起こそうとしてもできずに待っている場合には「避けられない遅れ（手待ち）」と分析される。対象物をもったままもう一方の手が来るのを待っている状態は、「保持」あるいは「避けられない遅れ（手待ち）」と分析する。どちらで分析するかは書籍により異なっており、いずれかに決めて統一的に表現する。第二類の「考える」と第三類の「休む」は通常の分析では出てこない。

　図表１-３-19に、サーブリッグ分析の事例を示す。分析表の左側に作業者の左手の動作を、右側に作業者の右手の動作が示されている。この例では、第１〜第３ステップのように、片方の手が対象物をもってくる間、もう一方の手は「保持」で分析されている。先に示したように、この部分を、「保持」ではなく「避けられない遅れ」で分析してもよい。しかし、第５・第６ステップの「保持」は、もう一方の手が「位置決め」と「組立」であるため、「避けられない遅れ」とは分析しない。

（3）動作分析による改善の方向

　サーブリッグ記号ごとに改善の方向を考える。なお、改善の指針の１つである動作経済の原則については、本章第４節 **2** **(4)** を参考にしていただきたい。

　①　第一類に属す記号の検討

　　これに属す記号は、できるだけ簡素化する方向で検討する。

　　○「手を伸ばす」「運ぶ」──距離を短くできないか、両手の移動を同時にできないか、シュートが利用できないか、滑らせることはできないか。

　　○「つかむ」「放す」──部品の形状・大きさは適切か、部品は取りやすく、置きやすくなっているか。

　　○「組み合わす」──ガイドは適切か、先端は細くできないか。

　　○「分解する」──ワンタッチでできないか、力をかけずにできな

図表1-3-19 ● サーブリッグ記号による分析例

ウエルダーによる針スポット作業微動動作分析表								
左　手				目		右　手		
番号	動作要素の内容	動素	左　手		右　手	動素	動作要素の内容	番号
1	針を取りに行く	手を伸ばす				保　持	ウエルダーを保持しておく	1
2	針箱の中で選ぶ	運　ぶ				保　持	〃	2
3	針箱の中でつかむ	つかむ				保　持	〃	3
4	針をもち直しながら運ぶ	運　ぶおよび前置き				運　ぶおよび前置き	ウエルダーをもち直しながら運ぶ	4
5	針をウエルダーの先に位置決めする	位置決め				保　持	針を取り付けるため保持する	5
6	針をウエルダーの先に取り付ける	組み合わす				保　持	針を取り付けるため保持する	6
7	取り付けた後、手を放す	放　す				前置き	ウエルダーをもち直す	7
8	ウエルダーをつかみに行く	手を伸ばす				保　持	ウエルダーを保持しておく	8
9	ウエルダーをつかむ	つかむ				保　持	〃	9
10	ウエルダーをケガキ個所に運ぶ	運　ぶ				運　ぶ	ウエルダーをケガキ個所に運ぶ	10
11	ウエルダーを当てる	位置決め				位置決め	ウエルダーを当てる	11
12	保持し溶接の補助	保　持				使　う	溶接する	12
13	ウエルダーより手を放す	放　す				保　持	ウエルダーを保持しておく	13
14	分解補助のため板に手をもっていく	手を伸ばす				保　持	〃	14
15	板を押さえ分解の補助をする	保　持				分解する	ウエルダーを引き抜く	15
16	板より手を放す	放　す				運　ぶ	元の位置にもどす	16
17	次の針を取りに行く	手を伸ばす				保　持	ウエルダーを保持しておく	17
	以下繰り返し						以下繰り返し	

問題点および改善着眼点
① 針は5本程度まとめてもつ
② 針の頭をそろえてもてるよう、くし状スプーンを利用する
③ ウエルダーを上からつる（うまくいくと両手作業になる）
④ 針を立てる方法はどうか
⑤ 針の入れものの工夫（ちり取りのような容器）

出所：藤田彰久『新版 IEの基礎』建帛社をもとに一部加筆

いか。

○「使う」――工具の工夫はできないか、他の工具と組み合わせることはできないか。

○「調べる（検査する）」――調べる必要があるか、他の方法はないか。

② 第二類に属す記号の検討

これに属す記号はできるだけ排除する方向で検討する。

○「位置決め」――部品や工具の置き方が変えられないか、面取りできないか、治具を工夫できないか、ガイドが設置できないか。

○「探す」「選ぶ」――部品や工具を並べて供給できないか、１つずつ必要な方向で供給できないか。

○「前置き」――部品や工具の置く位置や方向はよいか、作業順序に並べてあるか。

○「考える」――準備を行い、考える動作がなくならないか、考える目的は何か。

③ 第三類に属す記号の検討

これに属す記号はすべてなくすことが望ましい。

○「保持」――保持の治具が工夫できないか。

○「避けられない遅れ」「避けられる遅れ」――動作の順序を変えてこの遅れをなくせないか、なぜこの動作が発生したのか問題の原因を追求して改善する。

○「休む」――疲労が発生していないか、作業台やいすの高さは用意できているか。

3 時間研究

（１）時間研究の考え方とねらい

時間研究（time study）とは、「作業を要素作業又は単位作業に分割し、その分割した作業を遂行するのに要する時間を測定する方法」（JIS Z

8141：2022-5204）と定義される。作業方法を工程分析、作業分析、動作
分析などによりステップに分割して示すことができても、分割されたそ
れぞれのステップの時間値が測定できなければ、作業の計画や統制を実
施していくことはできない。そこで、以下に時間研究のねらいを列挙する。

①　作業に含まれるムダの種類、長さ、相互関係を見いだし、ムダの
　　ない標準作業を設定する。

②　単位作業あるいは要素作業ごとに、各作業の目的および作業時間
　　やそのバラツキ（ムラ）を明確にする。

③　その結果としての非生産的な要素作業の排除を図り、品質を満た
　　し、安全でかつムリなくできる効率的な作業方法を見いだす。

④　治具、工具などの導入や改善を図る。

⑤　その作業の遂行時間を決め、標準時間として用いる。

⑥　要員の適正配置を図り、要員の負荷のバランスをとる。

⑦　管理資料としてデータを蓄積し、標準時間設定の精度を向上させる。

（2）時間研究の方法

Ⅰ　時間研究に必要な道具

1）ストップウォッチ法

　直接時間測定法の1つであり、作業を観察してストップウォッチによ
り実測する方法である。ストップウォッチにはデジタル式とアナログ式
の2種類がある。現在では、デジタル式が多く用いられており、測定デ
ータを一時保存できる機種もある。測定の単位として1分間を60に分割
した秒単位のものと、100に分割したDM（Decimal Minute）単位のも
のがある。DMの単位で測定すると、秒単位で測定するより精度が上が
ることと計算が楽にできるという利点がある。ただし、DM単位のスト
ップウォッチは、注文品であるため価格が高いが、現在はインターネッ
トでも購入できる。

　測定の方法として継続法（スプリット測定とも呼ばれる）と早戻し法
（スナップバック測定とも呼ばれる）が代表的である。継続法は、ストッ

プウォッチを止めずにステップの区切りの時刻を記録していき、測定が
終わった後に各ステップの時間を計算して求める方法である。早戻し法
は、ステップごとにストップウォッチを0に戻して、各ステップの時間
を直接求める方法である。デジタル式では継続して観測しながら、ラッ
プタイムを表示する機能をもったストップウォッチもあり、測定がしや
すくなっている。

2）ビデオを利用した時間研究

　作業を撮影し、その後に測定する方法であり、IEの生まれた1890年代
からマイクロモーション分析の中で行われていた。当時は16mmなどの
フィルムに記録していたが、技術の進展に伴い、ビデオテープから現在
ではデジタルビデオへと変わっている。ビデオを再生しながら測定を進
めていくが、画面に日付や時刻情報を載せて記録しておく必要がある。
再生はスローやコマ送りで行い、要素作業の切れ目の時刻情報を分析用
紙に記録する。ビデオに記録されている画面のフレーム数が表示される
ビデオデッキを用いると、その値を時刻として換算でき、より正確なデ
ータが取れる。通常のビデオデッキでは1秒間に29.97フレーム分を記録
しているため、約1/30秒単位で測定が可能である。この場合には、要素
作業の区切りをよりきめ細かく決めておく必要がある。また、使用する
ビデオデッキにコマ送り機能や戻しながら再生できる機能があると測定
の効率化が図れる。

Ⅱ　測定方法

　ここでは、ストップウォッチによる測定方法のうち継続法を中心にそ
の手順を示す。

1）測定目的の確認と測定の細かさの決定

　測定目的として、

　　ア　現行作業の平均作業時間やバラツキを知る

　　イ　現行作業の問題点を知る

　　ウ　複数の改善案の比較検討を行う

　　エ　標準作業が設定された後に、その標準時間を決める

オ 標準時間資料のデータを取る

等がある。時間測定のステップの細かさは、要素作業で行うことが多いが、問題点を把握する場合や標準時間の設定では単位作業の程度の細かさでも十分である。また、作業全体の時間のかかり方により、分単位、10秒単位、秒単位などのいずれにするかという、データの精度を決めておく必要がある。目的に沿って必要な精度の1/10の単位でデータを取り、四捨五入して目的に応じた精度を確保することが望ましい。

2）作業条件の調査

作業条件の調査項目として、たとえば機械加工作業では以下のような4M（Man＝人、Machine＝機械、Material＝原材料、Method＝方法）に関連する項目を記録する。

ア 設備——名称、機械番号、治工具、刃具、加工条件など

イ 原材料——規格（品質、形状、寸法）、メーカーなど

ウ 作業者——氏名、性別、年齢、作業熟練度など

エ 加工方法——作業手順、作業のポイント、重点作業項目など

オ 作業環境——照明、温度、湿度など

カ 日時場所——年月日、時刻、職場など

作業者については、標準時間の設定を目的とする場合には、初心者は避け、平均的な技術度と速さで行える作業者を選ぶ。作業の改善を目的とする場合には、熟練者と未熟練者を選んで比較することで、問題点や改善の方向がわかることがある。どの分析にも共通であるが、観測対象となる職場や作業者に趣旨を説明し、理解と協力を得る必要がある。

3）作業の分割

作業の測定単位は、一般に要素作業の細かさである。連続した作業の流れを要素作業に分割するときの注意点を以下に示す。

ア 一連の動作が同一目的の範囲内であること——たとえば、「ネジを取りに行き、つかんでもってくる」という作業は、まとめて「ネジをもってくる」という要素作業として区分けする。

イ 手扱い作業と機械作業とを分ける——たとえば、機械加工で始動

ボタンを押してから機械は加工処理に入るが、作業者は別の作業を行うことが多い。この場合には機械の処理の分析と、作業者の分析を分けて記録する必要がある。

ウ　変数的な要素作業と定数的な要素作業とに分ける——たとえば、切削作業において、切削加工している時間は対象物により異なるが、ワークを機械へ取り付ける作業時間がどれも同じ程度の場合は、切削加工が変数的な要素作業であり、ワークの機械への取り付けが定数的な要素作業となる。

エ　規則的な要素作業と不規則的な要素作業に分ける——たとえば、ネジを落としたので拾うという作業は、不規則的に発生する。したがって、ネジを拾う作業は繰り返し発生する規則的な作業とは別に記録する。

オ　測定がしやすい大きさに区分する——たとえば、2秒以下の要素作業が連続して行われる場合には、時刻を記録している時間が足りずに欠測になることがある。このような場合は、前後に引き続く作業と一緒にして測定せざるを得なくなる。一般に、要素作業は0.03分（1.8秒）を最小の時間間隔としている。

カ　わかりやすい区切りで分析する——どこからどこまでがその要素作業になるかという区切りの設定の際に、手の形や、音、光などを頼りにして観測上わかりやすい区切りで要素作業を区分けすると、いつも同じ測定ができる。

4）測定

　図表1-3-20に、繰り返し作業を対象にした時間分析用紙と測定例が示されている。測定前にこの表の要素作業を作業順序に基づいて記入しておく。測定が始まる前にストップウォッチを動かしておき、分析対象となる作業が始まったときの時刻を、表の最上欄の（　）内に記録する。それ以降は、作業が終わった時点の時刻を順次対応する記録欄の下段に記録していく。この例では、分の単位は分が切り替わったときにだけ記し、同じならば分の単位は省略している。早戻し法で測定を行う場合に

図表1-3-20 ● 要素作業の時間測定（シャフトの外径研削）

回数 要素作業	単位：1/100分（上段：個別、下段：読み）										合計 回数	平均	記事（改善 着眼など）
	1(53)	2	3	4	5	6	7	8	9	10			
1.加工品をセンター に取り付ける	11	10	8	11	11	9	11	＊18	10	11	92	10.2	
	64	45	48	32	70	75	64	85	77	79	9		
2.機械のボタンを押 し、始動	9	8	9	9	9	8	8	7	9	8	84	8.4	
	73	53	57	41	79	83	72	92	86	87	10		
3.外径研削（第1回）	169	183	174	183	172	173	176	177	174	179	1760	176.0	
	242	536	831	1124	1351	1656	1948	2269	2560	2866	10		
4.砥石を戻す	19	20	18	21	20	20	19	22	20	19	198	19.8	
	61	56	49	45	71	76	67	91	80	85	10		
5.スナップゲージで 測る	8	7	9	10	8	8	9	9	8	8	84	8.4	
	69	63	58	55	79	84	76	2300	88	93	10		
6.外径研削（第2回）	37	46	30		54	34	32	34	35	36	338	37.6	
	306	609	88	↓	1433	1718	2008	34	2623	2929	9		
7.砥石を戻す	18		19		20	22	20	19	＊32	19	137	19.6	
	24	M	907	↓	53	40	28	53	55	48	7		
8.スナップゲージで 測る	7		9		8	8	9	9	9	7	65	8.1	
	31	36	16	↓	61	48	①36	62	64	55	8		
9.加工品を外す	4	4	5	4	5	5	4	5	4	4	44	4.4	
	335	640	921	1159	1466	1753	2067	2367	2668	2959	10		
サイクル時間	282	305	281	＊238	307	287	314	300	301	291	2668 9	296.4	（整理欄）
例外①砥石のドレッ シング						27 63							
例外②													
例外③													

M（ミス）：測定ポイントの見落とし
↓：要素作業が行われなかった
①（番号）：例外作業、不規則な要素作業が行われた
＊：データから外す

出所：渡邉一衛編『IEr養成コース入門コーステキスト』日本IE協会

は、時間値が直接得られるので記録欄の上段にその時間値を記入して下段は使用しなくてよい。この操作を必要サイクル数だけ行い、データを取得する。

測定中に発生する、予定外の処理が発生した場合の対応について述べる。

ア　作業の切れ目の時刻が記入できなかった場合──記録できなかった時刻欄にM（ミスを意味している）の記号を記入しておく。区切りの時刻がわからないので、後に行われる集計ではその時刻の前後の作業時間データが欠測となる。後から類推してデータを書き入れてはならない。

イ　作業者が記されている作業をしなかった場合──抜かした作業の時刻欄に↓を記しておく。この場合には、該当する作業時間のみが欠測となる。

ウ　作業者が予定外の作業（例外作業）を行った場合──例外作業の終了時刻を例外作業の記録欄の下段に記入しておく。作業内容を記していると次の作業の時刻も取れなくなってしまうので、作業内容は観測中で余裕のあるときか、観測終了後に記入する。この例では、7サイクル目の8番目の要素作業の次に例外作業を行ったので、8番目の欄には例外作業のであることを記し、例外作業の記録欄の下段にその例外作業の終了時刻を記入して、9番目の要素作業へ戻ったことが示されている。

5）集計

図表1-3-20の各要素作業記録欄の下段にある値から、直前の要素作業記録欄の下段にある値を引いて各要素作業の作業時間とする。4）に示された測定中のトラブルで欠測となるデータと、同じ要素作業での時間値を比較して異常値があればその値を徐外して平均値を計算する。この例では、除外したデータに＊印が記されている。場合により、バラツキを示す標準偏差やレンジ（最大値と最小値の差）を求めておく。また、1サイクルごとの時間値も計算し、その平均値やバラツキを検討する必要がある。

（3）時間研究による改善の方向

　作業時間の測定により、実績データが得られた。このデータを分析目的に沿って検討していく必要がある。検討内容として以下のような項目がある。

1）正味時間として用いる

　作業の正味時間として用いるときには次の方法がある。

　①　平均値、中央値、最頻値などの代表値を用いる方法

　②　最小時間を用いる方法

　③　レイティング等により、作業者の作業ペースを考慮して用いる方法

　レイティングとは、「時間観測時の作業速度を基準とする作業速度と比較・評価し、レイティング係数によって観測時間の代表値を正味時間に修正する一連の手続。正味時間は、レイティング係数（rating factor）を用いて次の式で表される。

$$\text{レイティング係数} = \frac{\text{基準とする作業時間}}{\text{観測作業時間}}$$

　正味時間＝観測時間の代表値×レイティング係数」（JIS Z 8141：2022 -5508）と定義される。

　たとえば、観測した作業が 標準的な作業ペース Key Word より10％程度

Key Word

標準的な作業ペース──これには、次のような動作の速度がある。

　①　52枚のトランプカードを利き手でない手でもち、利き手で30cm四方の四隅に0.5分で配り終えるときの利き手の動作速度

　②　荷物をもたないで、平坦な道3マイル（約4.8km）を1時間で歩行するときの歩行速度

　また、ILO（国連の国際労働機関）では、標準ペースを、「しっかりした監督下にあって奨励給の刺激なしに働く平均的作業者の動作速度である。このペースは毎日の過度の肉体的・精神的疲労なしに容易に維持できるものであるが、かなりまじめに努力することを要するものである」と規定している。

速い場合には110とし、10％程度遅い場合には90とする。

2）改善の対象として検討する

　個々の要素作業の時間値を求め、その平均値とバラツキの観点から改善の対象としてどの要素作業を選ぶかを決める。平均値の大きい要素作業やバラツキの大きい要素作業に着目するとよい。なぜ、バラツキが大きいのかという観点では、さらに詳細な動作分析を行うと効果的である。また、比較の対象として、検討している要素作業と似た要素作業との比較や、作業者間の比較を行う方法もある。さらに、本章第4節で述べるさまざまな改善の原則を適用するとよい。

3）最小値の利用

　それぞれの要素作業時間の最小値となっている部分を取り出し、それを連続して実現できるような方法を考える。

4 稼働分析

（1）稼働分析の考え方とねらい

　稼働分析とは、「作業者又は機械設備の稼働率若しくは稼働内容の時間構成比率を求める手法。注釈2　稼働率（ratio of utilization）は、作業者又は機械設備の働きぶりを示す指標」（JIS Z 8141：2022-5209）と定義され、稼働率は次式により求められる。

$$稼働率 = \frac{実際稼働時間}{総時間} \times 100（\%）$$

　稼働率の観測法には、連続観測法と瞬間観測法とがあり、JISではそれぞれ以下のように定義されている。

　連続観測法（continuous reading method）とは、「作業者又は機械設備の稼働状態を連続的に調査・分析する手法」（JIS Z 8141：2022-5210）と定義される。連続して分析するため、発生したすべての事柄を記録でき、徹底した分析が可能である。その一方で、1人の観測対象者に1名

の観測者を必要とし、観測効率が悪い。また、始終観察されるので、観測対象者に心理的な好ましくない影響を与えて通常とは異なった動きをしてしまい、信頼性が低くなる可能性がある。連続観測法では特に、通常の作業方法で作業をするように、作業者に協力を依頼し、平常の状態を観察することが大切である。

　瞬間観測法（snap reading method）とは、「作業者又は機械設備の稼働状態を行動分類に従い、瞬間的に観測して度数によって調査・分析する手法」（JIS Z 8141：2022-5211）と定義される。この代表的な手法として、確率・統計理論に基づいて観測回数および観測時刻を決めて観測を行い、観測項目の比率を推測するワークサンプリングがある。瞬間観測法は、1名の観測者が複数の観測対象を観測できるため、連続観測法と比較して労力が格段に少なくて済む。また、ときどき観測することにより、作業者が観測されているという意識をもたないため、ゆがみの少ないデータが得られる。一方、観測が連続して行われないため、連続観測法に比べて精度が落ちる。この点を補強するためには、観測回数を増やす必要がある。決められた手順に沿ってワークサンプリングを行えば、統計学の理論的な裏づけから測定精度を設定できるという特徴がある。

　稼働分析のねらいには、以下の項目が挙げられる。

① 　工場管理上の問題点の探求など定量的な手がかりをつかむ
② 　人または機械・設備の非稼働要因を検出して、これらを減少または排除する
③ 　標準時間設定のための余裕率の設定
④ 　適正な人員・規模・設備台数の決定
⑤ 　より細かい分析が必要な問題がある箇所の発見

（2）稼働分析の方法

1）連続観測法

　この方法を適用するときには、1人ないし複数の作業者あるいは機械・設備を観測対象として選び、観測対象ごとに1名の観測者がつき、作業

図表1-3-21●連続観測法の用紙——例1

稼 働 分 析 観 測 用 紙

用紙番号　6066-1

作 業 名	販売一課受付	観測年月日	○年○月○日
工場・職場	販売一課	観測時間	自9時00分
			至5時00分
作 業 者	○○○○		
		観 測 者	佐 久 間

時刻	継続時間(分)	作 業 内 容	摘 要
9:00	1	ポットで湯をわかし始める	
9:01	6	花びんの水をとり替える	
9:07	1	電話の応対	
9:08	8	お茶をいれ、スタッフに配る	
9:16	5	郵便物を配る	
9:21	10	コピーをとりにいく	
9:31	3	得意先よりの電話の応対	
9:34	20	上司と本日のスケジュールの打合せ	
9:54	15	前日の伝票を整理する	
10:09	12	書類を届けに庶務課へいく	
10:21	2	電話の応対	
10:23	2	来客を応接室に案内して、上司を呼びにいく	
10:25	2	来客にお茶をいれてもっていく	
10:27	1	電話の対応	

出所：千住鎮雄編『作業研究〔改訂版〕』日本規格協会

内容とその時間を記録していく。観測手順は先に述べた、作業者工程分析と同じでよい。図表1-3-21は、作業の切れ目の時刻と作業内容を順次記録する用紙を用いた例である。

2）瞬間観測法

　瞬間観測法としては、ワークサンプリングがその代表であり、最もよく利用されている手法である。以下にその手順の概略を示す。

○手順1——観測の目的を明らかにする

○手順2——関係者、特に対象となる職場の関係者に十分な説明を行う
  普段どおりの作業で行ってもらうことが重要である。

○手順3——観測対象の範囲を決め、サンプリング対象の層別を行う
  統計的な理論に裏づけされていることから、サンプリングの対象
は同一のものになるよう層別して、母集団を区別して分析すること
が必要である。すなわち、観測対象の1つの作業者グループは、同
じ母集団としてみなすことになる。

○手順4——観測項目とその分類方法を決める

  予備観測により、観測項目を把握し、その項目の分類を行ってお
く。たとえば、稼働（付加価値を生む作業）、準稼働（稼働状態を支
援する作業であるが、改善を行ってなくしたい作業）、非稼働（付加
価値を生まない作業）に分ける。また、主体作業、準備段取作業、
余裕、休憩に分ける方法もある。これらの分類に沿ってさらに詳細
な項目を列挙し、観測に行ったときに観測対象者が何を行っている
のかを瞬時にわかるようにしておく必要がある。

○手順5——必要なサンプル数を決める

  サンプル数を求めるときに、得られた値の誤差の範囲を決めてお
く必要がある。誤差には絶対誤差と相対誤差がある。真の値が40％
のときに、絶対誤差を10％で設定すると、30％～50％の誤差を許し
ていることになる。

  一方、相対誤差が10％のときには、40％の10％、すなわち36％～
44％までを誤差範囲としていることになる。同じ誤差10％では、相
対誤差のほうが絶対誤差よりも高い精度を要求することになる。

  必要なサンプル数は次式により求められる。なお、式の中で示さ
れている記号について説明する。u は信頼度によって決まる値であ
り、通常は95％の信頼度とするため、$u = 1.96$、あるいはこの値を
まるめて $u = 2$ としている場合がある。p は求めたい比率、観測項
目の発生する割合である。e は絶対誤差、l は相対誤差をそれぞれ

示している。

ア　絶対誤差（e）に基づく必要サンプル数（n）

$n = \{u^2 \times p(1-p)\}/e^2$

イ　相対誤差（l）に基づく必要サンプル数（n）

$n = \{u^2 \times (1-p)\}/(l^2 \times p)$

　p の真の値はわからないため、予備観測で得た比率をこの式の p に代入して n を求める。図表1-3-22には、$u = 2$ としたときの観測誤差とサンプル数の概数を示している。

○手順6──観測日数と1日の観測回数を決める

　本観測で必要なサンプル数は、手順5で得られた n から予備観測で取ったデータ数を差し引いて求める。1日の観測回数（1日のうちで何回観測に行くか）については次式により求められる。

　　1日の観測回数＝本観測で必要なサンプル数/（観測対象者数×観測日数）

○手順7──観測時刻を設定する

図表1-3-22 ●観測誤差とサンプル数の目安

観　測　目　的	生起率 p %	絶対誤差 e %	相対誤差 l %	サンプル数の概数 N
予備調査				200〜400
管理的な問題点の調査（停止、遊び、運搬など）	15 30	±3 ±3	(±20) (±10)	600 900
作業改善	30	±2	(±6.7)	2100
余裕率の決定	10 20 10 20	±2 ±2 (±0.5) (±1)	(±20) (±10) ±5 ±5	900 1600 14400 6400
正味作業時間の決定	80	(±1.6)	±2	2500
要素作業の正味時間決定	10	(±0.5)	±5	14400

出所：渡邉一衛編『IEr養成コース　入門コーステキスト』日本IE協会

　前記で1日の中での観測回数は決定できたが、どのようなタイミングで回ればよいかは決めていない。ランダム・サンプリングを行うために、観測タイミングはランダムな時刻に設定しなければならない。そのため、図表1-3-23に示すランダム時刻表が用いられる。たとえば、1日20回観測しに行くことを考える。対象とする時間帯は、9時～17時であり、12時～12時45分が昼食であると仮定する。まず、表の第1列～第5列の中でどの列の値を用いるかを決める。各列の左側が時刻を選ぶ順序、右にサンプリングの時刻が示されている。最も上にある時刻を9時台の時刻とし、以下1は10時台というように換算して用いる。17時までの観測であるので、表の7まで用いる。昼食時間の12時～12時45分は、観測対象に含まれないのでその時刻を外して、合計15個の時刻を、左欄の数値の小さい順に取り出し、サンプリングのタイミングが決まる。ここでは第3列を例にする。1番～20番まで選ぶと、昼食時間に5番、17時以降の時間外に10番、4番、9番、17番があるので合計5個の時刻データを追加する必要がある。新たに追加した21番～25番について確認すると、24番が時間外となるので26番目の時刻を追加して観測時刻が決定される。

○手順8──測定経路を決定する

　サンプリングごとに同じ経路を使用して観測する。

○手順9──観測用紙を決める

　図表1-3-24に観測用紙の例が示されている。観測項目は、集計がしやすいように準備・後始末、主作業、余裕、非作業に分類しておくとよい。

○手順10──観測者を決める

　観測対象の数が多いときには2名以上で観測する必要が出てくる。そのような場合には作業内容がよくわかる観測者が必要である。

○手順11──サンプリングの実施（本観測）

　サンプリングを実施し、手順5において予備観測のデータから求

図表1-3-23 ● ランダム時刻表

10時間　40回用

1		2		3		4		5	
38	0.01	4	0.04	21	0.28	14	0.01	25	0.03
9	05	33	23	22	36	32	15	38	08
16	17	13	44	14	44	2	23	18	15
32	28	26	50	40	52	27	30	23	55
20	43	9	1.18	29	58	7	41	28	1.18
18	1.01	34	30	26	1.15	26	50	22	36
29	25	22	37	18	20	18	1.12	16	47
25	53	17	49	6	35	13	32	40	56
26	2.06	7	2.04	25	38	28	52	7	2.07
3	09	36	26	1	2.15	10	2.06	4	19
6	13	16	31	34	30	20	10	31	36
35	23	38	44	3	36	38	26	6	55
22	47	19	55	39	46	29	43	32	3.02
30	3.03	30	3.17	12	56	31	57	21	10
8	06	28	29	5	3.32	16	3.06	29	23
10	20	12	40	38	37	15	15	9	29
13	34	2	4.01	36	50	34	17	27	38
1	4.16	14	18	13	59	17	28	3	4.02
14	54	5	38	31	4.11	36	30	17	14
40	5.07	23	48	8	45	33	42	30	51
2	34	32	56	7	50	5	4.05	36	5.12
28	38	40	5.17	2	5.05	24	32	26	30
7	45	20	27	35	14	35	5.09	1	40
11	6.10	21	56	33	33	21	38	35	50
4	56	35	58	11	46	40	47	5	6.01
21	7.02	1	6.28	15	50	30	6.08	37	10
15	12	39	39	23	6.05	9	37	10	19
34	18	3	48	32	12	19	48	24	27
17	22	24	51	37	29	12	7.00	8	43
31	28	15	52	19	30	37	08	19	7.25
12	30	8	7.23	20	38	8	21	20	34
5	49	31	26	16	7.15	4	24	33	8.04
27	8.01	27	38	27	34	25	44	34	06
37	20	18	8.07	28	50	6	8.01	39	10
23	34	10	12	10	8.19	23	29	14	15
19	45	11	27	4	27	39	41	12	45
36	59	37	45	9	30	22	50	13	9.10
39	9.05	25	9.07	30	9.06	11	53	11	18
24	22	6	19	24	29	3	9.35	15	25
33	46	29	52	17	45	1	56	2	48

図表1-3-24 ● ワークサンプリング観測用紙——例2

| WS観測用紙
日 付：
分析者： | 職 場：第3機械
工 程：施削
作業者：12人 | | | | | | | | No. L10-3 | | | |

観測項目＼観測時刻	9・28	9・36	9・44	10・15	10・20	10・35	10・38	11・15	11・36	16・15	計	％
準備・後始末 治工具準備	///	/						//	/		12	5.0
バイト研磨	/				/						6	2.5
点検	//										5	2.1
部品運搬	/		/		/					//	8	4.2
清掃(機械回り)		/		/						///	11	4.6
												(18.4)
主作業 取付・取外	/	//	/	///		//		/		/	23	9.6
切 削			////		###						56	23.3
機械手扱い											32	13.3
検査・計測				/							11	4.6
監 視								//			15	6.3
取り・置き					//						18	7.5
												(64.6)
余裕 朝礼・会議	/										3	1.3
打ち合わせ	//		/	/					/		10	4.2
指示待ち								/			3	1.3
クレーン待ち			/								4	1.7
図面読み							//				6	2.5
保守・調整											0	0
用 達										//	10	4.2
												(15.2)
非作業 歩行(用のない)				/							2	⎫
無駄話						//					4	⎬ 2.9
不 在								/			1	⎭
計	12	12	12	12	12	12	12	12	12	12	240	100.0

注）観測時刻は図表1-3-23の第3列を用いており、手順7に従って得られた値に変更している。

出所：横溝克己他『あたらしいワーク・スタディ』技報堂出版、1987年

めた発生率 p の値を計算し直す。この結果、設定した誤差範囲に入っていればサンプリングを中止する。しかしながら、誤差範囲に入っていない場合には、予備観測と本観測で得られたデータ全体にお

け␣る発生率 p の値を用いて新しい n を求める。この値から予備観測
と本観測で観測したデータ数を差し引いた数だけ追加観測を行う。
○手順12——集計
　　項目別に発生数を求め、観測総数で除して発生率を求める。
　　必要に応じて、グラフ化してわかりやすく表現する。

(3) 稼働分析による改善の方向

　観測期間が長く、観測回数が十分に多い場合には、理論を当てはめて
発生率の誤差の範囲でよいデータが得られていると考えられる。しかし
ながら、特に短期間でデータを取った場合には、作業者が観測を意識し
てしまい、通常の作業とは異なる作業を行っていることがあるので、再
確認する必要がある。
　集計結果に対して、図表1-3-25に示すチェック項目を適用して改善
の方向性を探る。

5　連合作業分析

(1) 連合作業分析の考え方とねらい

　連合は、たとえば、サッカーやバスケットボール、アーティスティッ
クスイミングなどの団体競技のように、それぞれが独立部分をもちなが
ら相互に関係づけられ、全体として1つの目的のために行動している状
態をいう。連合作業は、たとえば、旋盤を用いてワークの切削を行う場
合や大きい荷物を2人で運ぶときのように、人と機械、あるいは2人以
上の人が連合して行う作業である。このような連合作業を対象にした分
析を、連合作業分析（multiple-activity analysis）といい、「人と機械、又
は二人以上の人が協同して作業を行うとき、その協同作業の効率を高め
るための分析手法」（JIS Z 8141：2022-5212）と定義される。
　連合作業分析は複式活動分析とも呼ばれ、単位作業または要素作業の
程度の細かさで仕事を分解し作業のタイミングを考慮して分析する。時

図表1-3-25 ● 稼働分析に関するチェックリスト

対象とする値	改 善 の 方 向 性
全体の比率について	他の部門と比較して差はないか 余裕時間や除外作業の比率は多くないか
作業時間比率について	主作業の比率の変動が多くないか 日によってあるいは1日の中で変動はしていないか 分業や流れ作業ができないか 主体作業を中心にして改善できないか 作業指示は適切に行われているか 出来高曲線は変動していないか、その理由はなぜか
余裕時間比率について	余裕率は適切な値となっているか 余裕率の内訳はどのようになっているか、適切か 手待ちが発生していないか、その原因は何か ライン作業者の運搬の比率が多くないか 部品置き場は適切か、遠くないか、取り出しやすいか 作業環境に問題はないか 工具や図面の管理は適切に行われているか 打ち合わせやクレーム処理が多く発生していないか ゴミの回収が適切に行われているか

出所：渡邉一衛編『IEr養成コース入門テキスト』日本IE協会を一部修正

間軸の中で、作業者や機械・設備がそれぞれどのような動きをしているか、どのような協同関係にあるかを図に示し、その効率を高めるために用いる。連合作業分析は、人と機械の組み合わせを対象にした人・機械分析（人・機械図表）と人と人の組み合わせを対象とした組作業分析（組作業図表）とに大別される。

以下に、代表的な連合作業の例を挙げる。

1）1人1台もち作業

1人の作業者が1台の機械を対象にして作業を行う場合であり、手扱い機械作業に多い。自動機械の場合、作業者は原材料の機械への取り付け、加工後の原材料の取り外し、機械の始動ボタン押しなどの作業は連合作業となる。しかし、加工中には監視作業となり、その間に原材料の

整理や検査などを行うこともあるが、手待ちが発生しやすい。

2）複数台もち作業

複数台もち作業（multi-machine assignment）とは、「一人又は二人以上の作業者が複数台の機械を受けもって行う作業」（JIS Z 8141：2022-5401）と定義される。作業者の機械のもち台数を増やすと、作業者の作業効率は高くなるが、機械の稼働率が落ちることが多くなる。機械台数を減らすと、逆に作業者の稼働率が落ちることが多くなるため、このトレードオフをいかに解消するかがポイントとなる。なお、作業者が複数台の機械を受けもつときに、ある機械の原材料の着脱や調整などの作業を行っている間に、他の機械が停止または空転の状態になることを、機械干渉という。

3）多工程もち作業

多工程もち作業は、作業の流れの順序に多工程（機械）を受けもつ作業である。すなわち、作業工程の流れに沿って、1人の作業者が複数の工程あるいは機械を担当して行う作業のことを、多工程もち作業と呼ぶ。組立作業の場合には、特に機械は用いなくても複数工程を受けもち、たとえば、初めの工程から最終工程までを受けもつ、いわゆるセル生産もこの作業方法の1つである。機械加工の場合には、複数の異なる機械を同時に受けもつことが多く、対象物が各機械で順次加工されていき、作業者はその間のワークの着脱や監視などの作業を行い、機械間を移動する。これらの機械での加工時間は通常異なるため、ネックとなる機械をあそばせることなく処理を進めていくことがポイントとなる。

4）組作業

組作業は、複数の作業者がグループを構成し、同時並列的に協同して同一の対象物に対して作業を行う方式である。各作業者の受けもちの作業量や作業間のつながりの関係から手待ちが発生しやすい。このため、各作業者が担当している作業の関連を正しく把握し、手待ちが出ないように作業を進めていくことと作業の標準化を図ることがポイントになる。

連合作業分析のねらいには、以下のようなものがある。

① 連合効率を妨げている要因を発見する。

② 機械の停止、作業者の手待ちのタイミングを把握し、改善する。

③ 機械のもち台数を検討する。

④ 準備段取作業の改善をする。

⑤ 機械の改良や自動化、レイアウトの改善の方向性を見いだす。

⑥ 作業者の負荷のアンバランスを見いだし改善する。

⑦ 作業者の作業配分の検討をする。

（2）連合作業分析の方法

連合作業分析の進め方は以下の手順による。

○手順1——分析の目的と対象の明確化

　連合作業分析を行う目的と、どの作業を対象にして分析を行うか
を決める。

○手順2——作業関連図の作成

　図表1-3-26に示すような、作業関連図を作成する。この作成方
法は以下のとおりである。

　ア　作業者や機械の作業を要素作業あるいは単位作業により分割する。

　イ　分割された1サイクル分の作業を、現状の作業順序に従い図示
　　する。

　ウ　作業者と機械、作業者間の連合作業を←→により結ぶ。

○手順3——作業時間の測定

　ストップウォッチやビデオ分析により、作業時間の測定を行う（→
本節**3**「時間研究」）。得られた時間値を作業関連図に記入しておく
とよい。

○手順4——連合作業分析表の作成

　縦軸に時間、横方向に作業者や機械をとり、作業関連図に示され
た順序で、作業時間の長さに応じて作業を図示する。連合作業が各
機械や各作業者に対応して横に同じ長さで示されていることが重要

図表1-3-26 ● 作業関連図の例（数値は作業時間：分）

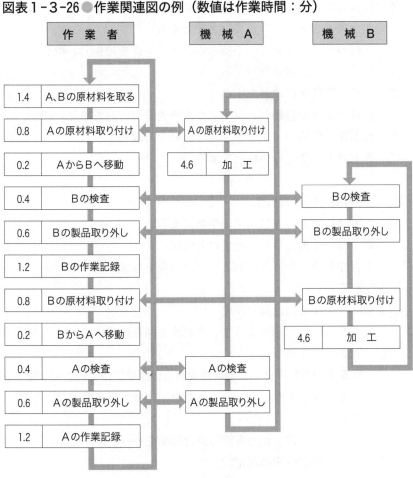

である。分析表の記号の欄には、図表1-3-27に示すように、作業を単独作業、連合作業および待ち（手待ち、あそび）の3種類に分類して表す。図表1-3-28には、先に示した作業関連図に基づいた連合作業分析の例を示す。

　作業者と機械の連合作業を分析した図はマンマシンチャート（人・機械図表）、作業者どうしの連合作業を分析した図はマンマンチャ

図表1-3-27 ● 連合作業分析での作業の分類

区分	記号	作業の特徴
単独作業		他の作業者や機械に関係しない作業 （機械の場合は自動運転）
連合作業		他の作業者や機械との協同作業で、相互に拘束を受けている作業
待ち （手待ち、あそび）		他の作業者や機械が別の作業を行っているために生じた待ち

出所：渡邉一衛編『IEr養成コース入門テキスト』日本IE協会を一部修正

　ート（組作業図表）あるいはマルチマンチャートと呼ばれる。
○手順5——改善案の作成
　図表1-3-29は、図表1-3-28の現状作業に対して、検査作業を外段取化（機械またはラインを停止しないで行う段取）し、作業順序を変更し移動を減らした結果である。特に、繰り返しのパターンを現状より改善している。図表1-3-30は現状と改善の総括表である。現状作業と比較し、改善作業は全体のサイクルが1.6分短縮され、18％の改善がなされた。また、現状作業にあった手待ちがなくなった。機械のあそびも1.2分短縮した。作業者の単独作業である作業記録は、機械Aと機械Bの両方に共通であり、また最も長い作業時間でもあるため、この改善を行うと、機械のあそびを直接的に減らすことができる。

（3）連合作業分析による改善の方向
　図表1-3-31に改善の着眼点を示す。分析図表別に、いずれの対象に手待ちがあるかにより改善の着眼点が分類されている。対応した方向に進まないと不要な手待ちやあそびが発生・増加してしまう。

図表1-3-28 ● 連合作業分析表の例（現状）

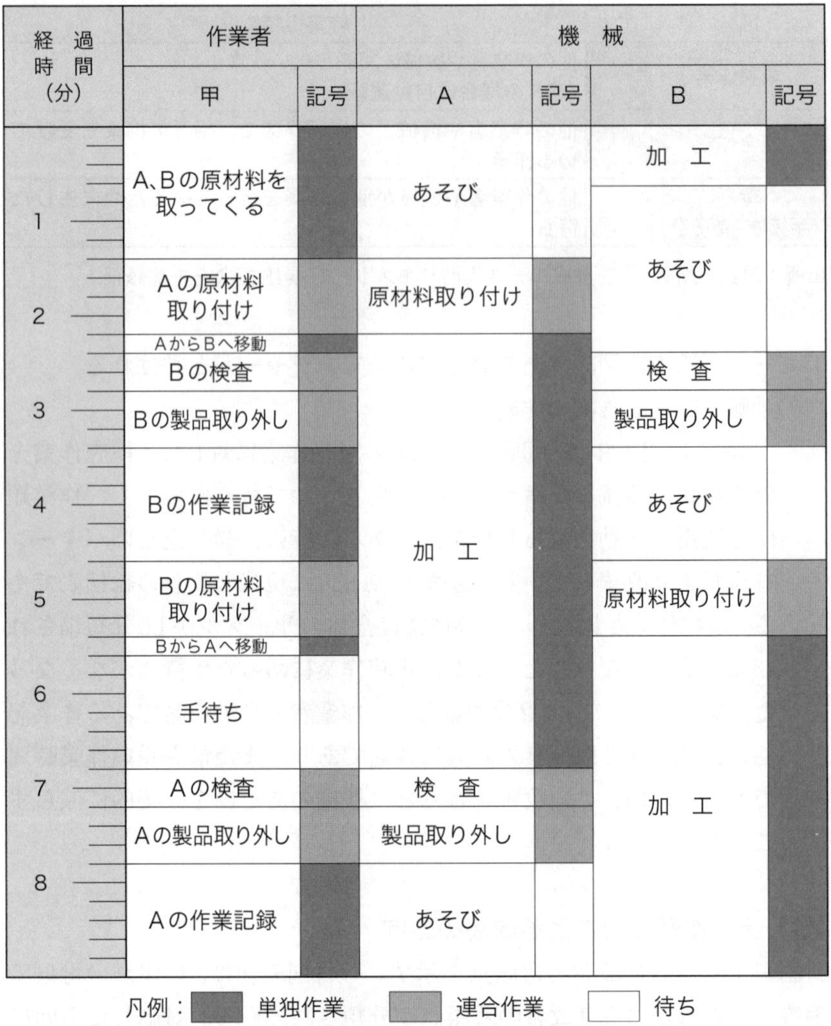

経過時間（分）	作業者		機　械			
	甲	記号	A	記号	B	記号
1	A、Bの原材料を取ってくる		あそび		加工	
					あそび	
2	Aの原材料取り付け		原材料取り付け			
	AからBへ移動					
3	Bの検査				検査	
	Bの製品取り外し				製品取り外し	
4	Bの作業記録				あそび	
5	Bの原材料取り付け		加工		原材料取り付け	
	BからAへ移動					
6	手待ち				加工	
7	Aの検査		検査			
	Aの製品取り外し		製品取り外し			
8	Aの作業記録		あそび			

凡例： ■ 単独作業　■ 連合作業　□ 待ち

出所：日本経営工学会編『生産管理用語辞典』日本規格協会を一部修正

図表1-3-29 ● 連合作業分析の例（改善）

経過時間（分）	作業者		機械			
	甲	記号	A	記号	B	記号
1	Aの製品取り外し		製品取り外し		加 工	
	Aの原材料取り付け		原材料取り付け			
2	Aの検査					
	Aの作業記録				あそび	
3	AからBへ移動		加 工			
	Bの製品取り外し				製品取り外し	
4	Bの原材料取り付け				原材料取り付け	
5	Bの検査					
	Bの作業記録				加 工	
6						
7	A、Bの原材料を取ってくる		あそび			

凡例： ■単独作業　■連合作業　□待ち

図表1-3-30 ● 総括表の例

作業	作業者：分（％）		機械A：分（％）		機械B：分（％）	
	現状	改善	現状	改善	現状	改善
単独作業	4.2（47）	4.6（62）	4.6（51）	4.6（62）	4.6（51）	4.6（62）
連合作業	3.6（40）	2.8（38）	1.8（20）	1.4（19）	1.8（20）	1.4（19）
待 ち	1.2（13）	0.0（0）	2.6（29）	1.4（19）	2.6（29）	1.4（19）
合 計	9.0（100）	7.4（100）	9.0（100）	7.4（100）	9.0（100）	7.4（100）

図表1-3-31 ● 改善の着眼点

分析対象	分析結果	着眼点
作業者と機械	作業者、機械とも待ちがある	順序の交換 連合作業の改善 片方に手待ちがない案にする
	作業者に手待ちがある	自動運転時間の短縮 担当する機械台数の見直し 自動運転中に別の仕事を行う
	機械にあそびがある	作業者の単独作業時間の短縮 手扱い作業の機械化
	作業者、機械ともに待ちがない	作業者、機械とも作業の改善
作業者と作業者	手待ちがある	作業分担の変更 作業手順の変更 作業の並行化
	手待ちがない	各作業の改善

出所：渡邉一衛編『IEr養成コース入門テキスト』日本IE協会を一部修正

第4節 作業改善の進め方

学習のポイント

◆作業改善のためのアプローチとして、分析的アプローチと設計的アプローチについて理解し、応用できるようにする。
◆作業設計の基礎的な考え方についての知識を高め、生産管理における位置づけを理解する。
◆作業時間と作業空間に関する作業のムダを知り、その排除ができるようにする。また、作業時間のバラツキの発生原因を知り、対策がとれるようにする。

1 作業改善の考え方

(1) 分析的アプローチと設計的アプローチ

　広く仕事のシステムに関する問題のとらえ方として図表1-4-1に示すような構造が考えられる。すなわち、問題は理想の姿、あるべき姿あるいは目標と、現実あるいは現状とのギャップであり、その解決を必要とする事柄であるという考え方である。このような問題のとらえ方は、問題解決に関する多くの書籍でも取り上げられており、一般化されている。したがって、問題を解決することは、目標と現状のギャップをなくすことである。本項ではこのような問題を解決するアプローチの代表的な方法である分析的アプローチと設計的アプローチについて概説する。
→図表1-4-2
　分析的アプローチはリサーチアプローチとも呼ばれ、現状からスタートする。まずは、対象とする仕事のシステムの現状を把握し、システム

図表1-4-1 ● 問題のとらえ方

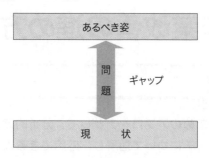

図表1-4-2 ● 問題解決に向けたアプローチ

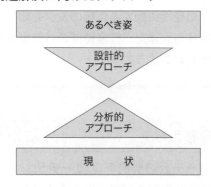

が抱えている問題点を列挙する現状分析を行う。このときに、さまざまなIEの分析手法が活用される。列挙された問題点を分類・整理し、それを解決するアイデアを出す。いわゆる代替案の列挙のステップである。このステップでは、たとえば、問題に応じ、ブレーンストーミングや、さまざまな発想法、調査、研究などによって問題の種々の解決策を考案するわけである。ここで出された代替案を問題の制約条件により絞り込み、制約条件を満たす最もよい案、目標を満たす案が採用されることになる。本章第3節で取り上げたIEの手法は、こうした分析的アプローチを手助けする手法であるということができる。

設計的アプローチはデザインアプローチとも呼ばれ、分析的アプロー

チとは逆に、あるべき姿、理想の姿から問題を解決する方法である。まずは、対象とする仕事のシステムの機能分析を行い、その機能を満たすあるべき姿すなわち理想像を描き、その姿にできるだけ近い、実現可能な具体的方策を求める手法である。設計的アプローチの代表的な手法として、ナドラー（D. A. Nadlar）によるワークデザインがある。これは、システムの理想の姿をno time no costで実現する理想システムと置き、できる限りこれに近い現実的システムにより具体化しようとする考え方である。ナドラーは、このような理想システムは現実には実現しないが、あくまでも究極としてそのようなシステムを念頭に置いていることが重要であるとしている。

（2）作業設計の手順

作業設計は、作業システム全体の設計を意味し、作業研究として扱われてきている。作業研究は、最適作業システムを志向するエンジニアリングアプローチであり、基本的には方法研究と作業測定の各手法を用いる（藤田彰久『新版 IEの基礎』建帛社）。また、作業研究とは、「作業を分析して実現し得る最善の作業方法である標準作業の決定と、標準作業を行うときの所要時間から標準時間とを求めるための一連の手法体系」（JIS Z 8141：2022-5102）と定義される。これらのことから、作業設計は"最も適切な作業方法の設計と、その時間の設定"から構成されていることがわかる。作業研究はメソッドエンジニアリングとも呼ばれている。

メイナード（J. Maynard）によると、メソッドエンジニアリングは、対象とする仕事を構成する各作業（operation）に対して、（まず）あらゆる不必要な作業を排除し、そして、どうしても排除できない作業を、最も早く、最もよい方法で行えるよう詳細な分析を行う方法である。それは、①設備、方法、および作業条件（working condition）の標準化を含む、②作業者がその標準方法を習得できるよう訓練する、③これらすべてがなされてから、正しい測定によって、標準的なパフォーマンス（仕事達成率）で働いている作業者が、その時間で仕事をなしとげることが

図表1-4-3●作業システムの設計モデル

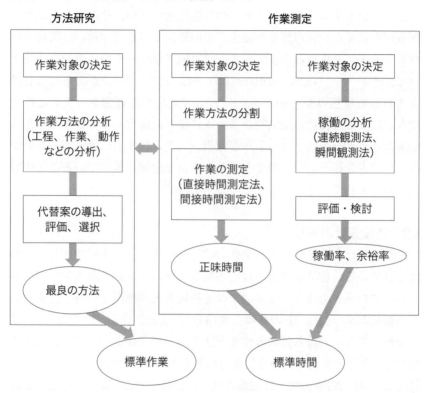

出所：藤田彰久『新版 IEの基礎』建帛社を一部編集

できるような時間を、標準時間として設定する、④最後に常に必要とは限らないが、作業者が標準パフォーマンスあるいはそれ以上の働きをもたらすよう奨励するための報酬制度を計画する、と説明されている。図表1-4-3では、以上で述べた作業システム設計の流れを示している。

（3）作業時間のムダとバラツキ

図表1-4-4は製品を生産するために要する時間の構成を示している。総所要時間は、見かけの総生産時間と総無効時間に分類され、見かけの

図表１-４-４ ●製品を作るために要する時間の内訳

		基本生産時間	これ以上引き下げられない最低所要時間
現状における総所要時間	見かけの総生産時間	製品設計の悪さにより付加される時間	標準化、専門化の欠如、不適当な品質水準、作業性の悪さなど
		生産システムの設計の悪さにより付加される時間	生産設備の使いにくさ、レイアウトの悪さ、システム設計による管理のしにくさなど
		作業方法の悪さにより付加される時間	適性がない作業者、訓練不足、作業条件の悪さ、管理者の指示の悪さなど
	総無効時間	管理の悪さにより生じる無効時間	飛び込みや試作がある、設計変更、生産計画の悪さ、部品不足や不適合、設備の故障、安全対策の不備など
		作業者がコントロールしうる無効時間	欠勤、遅刻、熱意の欠如、事故など

出所：藤田『前掲書』を一部編集

総生産時間の中で基本生産時間としている時間が真の有効な生産時間である。実際にはさらに対象物に変化を与えている時間も考えられる。たとえば、プレス作業における、プレス機械がワーク（加工対象物）をプレスしている時間や、組立作業では、部品どうしが一体化する時間である。このような時間を見ると、全体の作業時間のわずかな時間しか対象物に変化を与えていないことがわかる。できれば、この時間だけで作業を行うことが理想であるが、実際にはそのようなわけにはいかず、多くのムダが含まれることになる。

　作業時間のバラツキの発生原因は以下の３つの場合に大別される。

① 繰り返し作業の中でのバラツキ

　人為的なバラツキとして、手の動作がいつも同一の速さで行われるわけではないために発生する。複雑な動作になるほどこの種のバラツキは増大する。この種のバラツキは、一般には正規分布に従い、作業者の訓練によりバラツキの幅を小さくできる。また、適切な治具や工具の使用により作業の自由度が減少し、バラツキを小さくできる場合

がある。機械的なバラツキとしては、切削時間、穴あけ時間、研磨時間、塗装時間、溶接時間などの加工時間がある。これらの時間のバラツキは、機械の性能により決まる。

② 同一内容の作業間でのバラツキ

作業者の技量・能力によるバラツキでは、作業の標準化や訓練を実施することで減少できる。環境条件の変動によるバラツキでは、室温・湿度・照度等を一定にして環境条件を整える必要がある。寸法や精度の変動によるバラツキでは、機械精度の向上やカン・コツ作業を排し、作業条件を整えることが重要である。治具や工具によるバラツキでは、機械精度の向上、刃具の交換を適時行う、治工具の保守励行などの対策がある。原材料の質・量によるバラツキでは、取り代や削り代の減少や標準化、原材料の均一化などがある。

③ 観測時刻によるバラツキ

1日の中でのバラツキについては、作業者の疲労・慣れ・調子が原因として挙げられる。疲労や調子に対しては、適切な余裕をとることで改善が可能である。慣れに対しては、作業訓練が1つの方法である。

（4）作業空間と適正作業域

作業空間（working area）とは、「作業を遂行するときに作業者が身体各部を動かすのに必要な作業範囲。注釈1 作業域ともいう。作業空間には最大作業域と正常作業域（通常作業域）とがある。最大作業域（maximum working area）とは、固定した肩を中心に、手を最大に伸ばしたときの手の届く範囲。正常作業域（通常作業域）（normal working area）とは、肘を曲げて上腕を体側に近づけ、前腕を自然な状態で動かした範囲」（JIS Z 8141：2022-5311）と定義され、人間工学の分野で研究が行われてきた。なお、最大作業域、正常作業域に関しては、次項 **2** （4）「動作経済の原則」で説明する。

図表1-4-5には、座った位置での上肢および下肢の動作域が示されている。右側の図において、上肢動作域が最大作業域、通常動作域が正

図表１-４-５ ● 椅座位における上肢および下肢の動作域

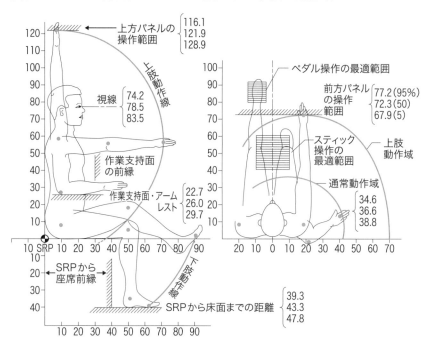

注）図中の３行の数字は、日本人成人男子寸法と考えられるもので、パーセンタイル値 [cm]
　　を示す。SRPは座席基準点を示す。

出所：大島正光監修、大久保堯夫編『人間工学の百科事典』丸善

常作業域にそれぞれ対応している。この図では、足のペダル操作におけ
る作業域や肘を曲げたときの作業支持面も示されている。

2　動作改善

（1）合理化の原則

　合理化の原則とは、３Sとも呼ばれ、「標準化、単純化及び専門化の総
称であり、企業活動を効率的に行うための考え方。注釈１　設計、計画、

業務、データベースなどで繰り返し共通に用いるために標準を設定し、標準に基づいて管理活動を行うことを標準化（standardization）といい、設計、品種構成、構造、組織、手法、職務、システムなどの複雑さを減らすことを単純化（simplification）といい、生産工程、生産システム、工場又は企業を対象に特定の機能に特化することを専門化（specialization）という。３Ｓはこれらの英単語の頭文字をとったものである」（JIS Z 8141：2022-1105）と定義される。

　この中で、特に専門化については、少種（単一品種）多量生産には向いていたが、多種少量生産になると現実とそぐわないものになった。このため、専門化を多種少量生産では、汎用化または多機能化に置き換えることが必要になった。機械の汎用化・多機能化により、さまざまな加工が１つの機械で行われ、稼働率向上につながっている。また、作業者に関しては、多能工化により、１人の作業者がさまざまな技術を修得し、多品種でも生産できる体制が必要となった。いわゆる組立のセル生産では、多能工化が必要条件になっている。

（2）5Ｗ1Ｈの原則

　5Ｗ1Ｈとは、「改善活動を行うときの指針で、what（何を）、when（いつ）、who（誰が）、where（どこで）、why（なぜ）、how（どのように

Column　知ってて便利

《3Ｓとフォード社》
　3Ｓは、自動車生産でフォードの工場で導入した、製品の単純化、部品の規格化、工場の専門化およびこれらを統合した生産の標準化が起源とされている。フォードでは、当時自動車の生産をＴ型車と呼ばれる単一製品に限定して、部品の標準化を図り互換性を高め、単一目的のために設計された機械・設備を用いて単一部品を専門工場で加工する方法をとり、画期的にコストを抑えた製品を生産した。このことにより、庶民の手に届く自動車が販売されるきっかけとなった。

して）の問いかけのこと」（JIS Z 8141：2022-5305）と定義される。いわゆる「なぜ」を繰り返して問題を明らかにする方法である。

　たとえば、第１番目の問いかけとしてwhatがあり、何をやるのかを問いかける。もし、必要がなければそれは行わなくてもよいことになる。この問いかけにより、残ったことに対して、when、who、whereの問いかけをする。いつそれを行うのか、別のときに行えないか、一緒に行えないかを検討する。次に、だれが行うのか、他の人ができないか、１人でできないかを検討する。さらに、なぜそこで行うのか、別の場所でできないか、１ヵ所でできないかを検討する。最後に、なぜそのように行うのか、もっと単純にできないか、もっと簡略化できないかを検討する。

（3）改善のECRS

　改善のECRSとは、ECRSの原則とも呼ばれており、「工程、作業、又は動作を対象とした改善の指針又は着眼点として用いられ、排除（Eliminate：なくせないか）、結合（Combine：一緒にできないか）、交換（Rearrange：順序の変更はできないか）及び簡素化（Simplify：単純化できないか）のこと」（JIS Z 8141：2022-5306）と定義される。一般的にE→C→R→Sの順に実施するのが望ましいとされている。

　たとえば、まず初めは、Eの問いかけを行い、なくせることとなくせないことに分け、なくせることはなくす。この段階は５Ｗ１Ｈの原則でのwhatの問いかけと対応しており、５Ｓの整理と同じ意味をもつ（→本章第５節）。次に、残ったなくせないことに対して、CとRの問いかけをする。同時に行う、順序を変えて行うことを検討する。この段階は５Ｗ１Ｈの原則のwhat、where、whoの問いかけと対応している。３段階目にもっと単純化できないかという問いかけをする。この問いかけは、５Ｗ１Ｈの原則でのhowの問いかけに対応する。Sは、さらに細かい分析を行い、その分析に対してECRSの原則を適用することに当たる。工程、作業、動作という分析の細かさのレベルと、ECRSの原則の適用との対応関係を図表１-４-６に示す。

図表1-4-6●分析の細かさとECRSの原則との関係

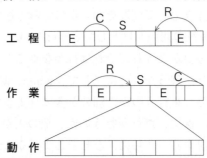

出所：渡邉一衛編『IEr養成コース入門コーステキスト』日本IE協会

（4）動作経済の原則

　動作の分析はギルブレス（F. B. Gilbreth）によって確立されたが、これをもとにして動作はかくあるべきであるという指針がその後の研究者によって提案された。以下に示すのはギルブレスの直系の弟子であるバーンズ（R. M. Barnes）によりとりまとめられた動作経済の原則と呼ばれている動作の設計指針である。動作経済の原則（principles of motion economy）とは、「作業者が作業を行うとき、最も合理的に作業を行うために適用される経験則」（JIS Z 8141：2022-5207）と定義される。この原則は、身体の使用、作業場所、工具および設備の設計という3つに分類整理されており、人間の動作を考慮した最も代表的な作業設計の指針である。

1）身体の使用に関する原則

　ア　両手の動作は同時に始め、また同時に終了するべきである

　イ　休息時間以外は、同時に両手をあそばせてはならない

　ウ　両腕の動作は、反対方向に、対称に、かつ同時に行わなければならない

　エ　手および体の動作は、仕事を満足に行いうる最低の等級に限る。
　　次のⅰ）〜ⅴ）はその等級を示している

　　ⅰ）指の動作、ⅱ）指および手首を含む動作、ⅲ）指、手首、前腕

を含む動作、iv）指、手首、前腕、上腕を含む動作、ⅴ）指、手首、前腕、上腕、肩を含む動作（姿勢を崩さなくてはならない）

オ　できるだけモノの力（運動量、惰性、はずみ）を利用して作業者を助ける。しかし、筋肉の力を用いてこれに打ち勝つ必要のある場合には、運動量を最小限にする

カ　ジグザグな動作や突然かつシャープに方向変換を行う直線運動より、スムーズに継続する手の動作のほうが好ましい

キ　弾道運動は制限された運動（固定）やコントロールされた運動よりもはるかに早く、容易であり、かつ正確である

ク　できるだけ楽で自然なリズムにより仕事ができるように仕事をアレンジする

ケ　注視の回数はできるだけ少なく、かつ注視対象が複数ある場合には、その間隔を短くする

2）作業場所に関する原則

ア　工具や原材料はすべて定位置に置く

イ　工具、原材料、制御装置は、使用点に近接しておく

ウ　原材料を使用点の近くへ運ぶには、重力利用の容器を使用する

エ　できるだけ落とし送りを利用する

オ　原材料、工具は動作を最善の順序で行えるよう配置する

カ　視覚のために適切なコンディションを整える。満足な視覚を確保するための第一条件は良好な照明である

キ　立ち作業や座り作業、いずれも容易に行えるように作業場所およびいすの高さをできるだけアレンジする

ク　作業者が良好な姿勢をとれるタイプおよび高さのいすを各人に備える

図表1-4-7には最大作業域と正常作業域が示されている。図①において、最大作業域は肩を中心に手を動かせる実線の範囲であり、正常作業域は肘を固定して手を動かせる点線の範囲である。正常作業域は、腕を回せる限界があり、図②の色アミの範囲までがそれに当たる。図③に

図表1-4-7 ● 正常作業域と最大作業域

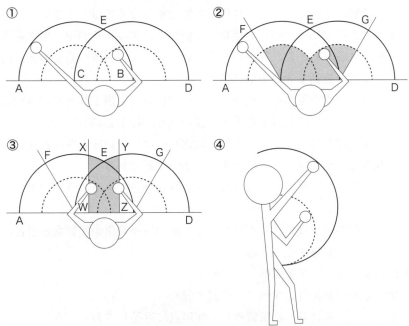

出所：日本経営工学会編『生産管理用語辞典』日本規格協会

おける色アミの範囲は、目の動きを伴うことなく両手同時に左右対称に
動かせる範囲である。図④は高さ方向に関する作業域で、点線の範囲が
正常作業域、実線の範囲が最大作業域となる。

3）工具や設備の設計に関する原則

　ア　治具や取付具、または足操作の装置を用いたほうがいっそう有効
　　　にできる仕事では手を用いない

　イ　工具はできるだけ組み合わせる

　ウ　工具や原材料は、できるだけ前置きしなければならない

　エ　キーボードを打つときのように、おのおのの指が特定の働きをす
　　　る場合、おのおのの指の固有能力に応じて作業量を区分する

　オ　レバー、ハンド・ホイール（手回しハンドル）、その他のコントロ

ール装置は、作業者が体の位置を変えることが最も少なくて済み、かつ最大限のスピードで最も容易に操作できる位置に取り付けなければならない

3 作業改善

（1）加工作業中のミス

　加工作業中のミスにはさまざまなものがある。たとえば、ネジ締め作業を考えてみると、ネジの種類の取り違え、本締めの忘れ、本数不足、工具の違いによる締めすぎ、ネジの折れや曲がり、工具の他の場所への接触による傷、ネジ自体の取り付け忘れなど多くのミスが考えられる。加工作業でのミスは、不適合品の発生に直接結びつくことが多く、注意を払い作業を遂行していく必要がある。しかしながら、細心の注意を払っても、人間のミスを減らすことはなかなかできない。

　このようなミスを防ぐ１つの方法としてポカよけがある。ポカよけは、ポカを防ぐことである。人間がちょっとした気の緩みから犯すミスや過失を防止する、あるいはそれによって引き起こされる不具合を低減するための工夫である。ポカよけはフールプルーフとも呼ばれている。ポカミスの原因としては、①無意識、他への意識集中、注意散漫、②思い込み、技術上のうぬぼれ、先入観、体調不良、疲労、経験不足、教育不足、規律、標準作業の不遵守、外乱、心の悩み、家庭の問題などがある。

　ポカよけの方式として、規制機能による分類と、設定機能による分類がある。規制機能には、規制式と注意式がある。規制式は、異常が発生した場合、機械を停止するとか、クランプが解除されないというようにして作業の進行を停止させてしまい、連続して不適合品の発生を防止する方法である。注意式は、異常が発生したとき、作業者へ情報を音や光で知らせる方法である。この方法では、作業者が異常情報に気がつかないと異常の発生が止まらない。

　設定機能は、接触式、定数式、動作のステップ式に分類される。接触

式は、形状の違いや大きさの違いにより、検知装置に接触するか否かにより異常を発見する方法である。定数式は、ネジ締め作業のように同じ動作を何回か繰り返す場合に、規定の回数の動作を行わなかったことを検知して異常を発見する方法である。動作のステップ式は、一定の動作で作業を行うはずのところ、その標準動作が行われないことを検知して異常を発見する方法である。

（2）検査作業のミス

検査におけるミスとして、第一種の誤りと第二種の誤りがある。第一種の誤りは、適合品であるにもかかわらず不適合品としてしまう誤りで、生産者危険とも呼ばれる。第二種の誤りは、不適合品であるにもかかわらず適合品と判断してしまう誤りで、消費者危険とも呼ばれる。抜き取り検査では、第一種の誤りの確率 α と第二種の誤りの確率 β を決めてから検査方法が設計される。

検査作業では、あらかじめ決められた検査基準に照らし合わせて合否の判定を行う。したがって、検査基準が明確になっていなければならないが、目視検査ではその基準があいまいな場合がある。このような場合には、限度見本を作製し、目で見てわかるようにしておく必要がある。

（3）運搬作業のミス

運搬作業におけるミスの発生は、取る作業、運ぶ作業、置く作業でそれぞれ発生する。

① 取る作業でのミス——取る対象物の間違え、取る個数の間違え、取るときの落下などが考えられる。必要なモノが必要なときに必要な量だけ供給されれば対象物や個数の間違いはなくすことができる。たとえば、ピッキング作業では取るべき対象物がどこにあるかをランプによって指示するデジタルピッキングがある。また、対象物のコードをハンディターミナルなどで読み取り、検品を行う方法もある。取るときの落下については、対象物を直接もち上げて支えが手

だけになることにより発生するので、たとえば別の支え具に滑らせて乗せるようにするとよい。取る作業でのミスを防ぐための要点は、物の置き方であるといえる。

② 運ぶ作業でのミス——運搬中でのミスは、対象物への振動や落下による破損、他との接触による汚れの付着、振動などによる搬送容器での定位置からのずれなどがある。これらは、搬送容器、搬送手段での振動の吸収だけではなく、床の段差や細かい凹凸をなくすことが必要となる。自動搬送機では、急発進・急停止を避ける運転を行えるようにコントロールする必要がある。また、他との接触については、通路の幅を考える際に、搬送具どうしの行き違い、追い越しの考慮も重要なポイントとなる。

③ 置く作業でのミス——運んでいる対象物を置くときのミスとしては、正しい置き場に置かれない、正しい方向で置かれない、置くときの落下などが考えられる。保管場所は、置いておくだけの場所としての役割のほかに、供給され、取られる場所でもある。したがって、取りやすく、置きやすい設計にすること、何があるかがすぐにわかるように表示しておく必要がある。置く場所にガイドラインを設けることで、置く方向も指示できる。番号や品名では似た部品が存在する可能性があるので、その姿を明確にして、似たものとの違いの情報を明示し、目で見る管理を行うとよい。落下に対しては、取るときと同じように支えを手で行わず、手は対象物を滑らして置く場所に移動させるコントロールの役割をもたせることで避けることができる。

4 治工具

(1) 治工具の役割

工具とは、「加工、締結などの作業に用いる器具」(JIS Z 8141：2022-1205) と定義され、工具類には、切削工具のほかに治具、取付具、型、

限界ゲージおよび各種作業用具を含み、いずれも容易に移動できること
が共通の特徴である。ただし、計測器は工具に含めない。

　治具またはジグは、英語でJigと書き、工作用の固定、案内・ガイドの
道具であり、その主たる機能は、対象物の保持（固定）と位置決め（案
内・ガイド）である。工具は、それがないと作業が達成できない場合が
多いが、治具は、それがなくても作業を行うことができる場合もある。
しかし、治具を用いることで、作業が楽になる、作業精度が向上する、
作業時間の短縮が図れる、品質が安定するなどという効果がある。その
ため、一般に、治具は、市販の原材料・部品を組み合わせたり、または
専用の治具を設計・製作して、最も効果的な治具を用いることが重要で
ある。

（2）治工具による作業の改善

　治具を用いることにより、作業性の向上を図ることができる。保持の
機能の代表的な道具は万力である。たとえば、片手でのこぎりをもち、
片手で板を押さえて切ることがある。保持の役割を万力にさせることで、
両手をのこぎりの引く作業に集中することができ、作業精度の向上や作
業時間の削減が図れる。治具のもう1つの機能である、軸の位置合わせ
を行う機能について考える。たとえば、キャップを右手にもち、本体を
左手にもって位置決めを行っている作業がある。軸の方向は右手と左手
の両方でそろえるか、たとえば左手にある本体は固定しておいて、右手
でキャップの軸の方向を合わせることになる。この作業に対して箱の縁
を利用して、キャップと本体の位置決めを、突き当てのガイドにより行
うことで、両手で位置決めを行う必要がなくなり作業性がよくなる。こ
の箱の縁が位置決めの治具の役割を果たしている。

　工具についても、たとえば手で回すドライバーからエアドライバーや
電動ドライバーのように連続して回転を与える工具を用いることで、作
業時間の改善や力のかけ方の均一性が保証されて、品質の安定化が図れ
る場合もある。

　以上のように、治具や工具の効果的な使用により改善に結びつくこと
が多い。また、このような道具の使用により、作業に制約が加わり、手
の動きの自由度が少なくなることで、作業時間のバラツキを少なくでき
る場合もある。ただし、治工具の使用により固有技術の変更に結びつく
ことがあり、品質の確保の検証を十分に行う必要がある。

第 5 節 ┃ 5 S

学習のポイント

◆現場の改善で利用される5Sについて、その考え方を知る。
◆5Sにおける整理、整頓、清掃、清潔、躾（しつけ）について理解し、それらの相互関係を知る。
◆5Sにおける整理、整頓、清掃、清潔、躾について、実務への利用方法を知る。

1 整理・整頓

（1）整理・整頓の考え方

　5Sとは、「職場の管理の前提となる整理、整頓、清掃、清潔、及びしつけ（躾）について、日本語ローマ字表記で頭文字をとったもの」（JIS Z 8141：2022-5603）と定義され、海外では five S's と呼ばれ、日本語の言葉から生まれた職場の管理の方法として広く知られている。整理は、必要なものと不必要なものを区分し、不必要なものを捨てることであり、整頓は、必要なものを必要なときにすぐに使用できるように、決められた場所に準備しておくことである。

　整理・整頓といわれるように、この2つの用語は対になって使用されるが、5Sの第1段階は整理である。この段階で必要でないものが現場からなくなり、残った必要なものについて整頓するという順序になる。先に述べた、5W1Hの原則における what の問いかけや、ECRSの原則でのEの適用に対応していることがわかる。整理をするためには必要なものは何かというルールが必要である。たとえば、在庫品が現場にある

ときに、どれだけ経ったら現場からなくすかを決めておかなければ、いつまでもそこに置かれることになる。整理することにより、邪魔なものが取り除かれるので、作業が容易になり、不必要なものが置かれなくなる。定期的に整理していけば、不必要なものがたまることがなくなる。必要なものかどうかの判断は、職場の作業内容や取り除いたときの影響などを考慮して行われる。

　次の段階の整頓は、残った必要なものを容易に使用できるように決められた場所に置き、なくなったらすぐにわかるようにしておくことである。また、置きやすく、取りやすく保管しておくことも重要である。整頓することによって、探したり取り出したりする時間を短縮することができる。複数のものを整頓するときには、先入先出法を適用したり、順序よく並べたりすることで、作業の流れがスムーズになる。

（2）整理・整頓の実践の仕方

　整理のルールの基本は、時間的な制約である。いつまで使わなかったならば捨ててよいか、片付けてよいかを決めることである。赤札作戦と呼ばれる目で見る整理は、そのルールに則って、職場にある不必要なものに赤札を貼って片付ける対象物を決める手法である。移動しやすいものだけではなく、機械・設備も対象とするため、撤去費用がかかる場合にはすぐには対処できないこともある。そのような場合でも、不要設備一覧表を作成し、対象とするものを明確にしておくと効果がある。

　整頓は、どこに何をいくつ置くかを決め、それが見えるようにしておくことが重要である。いつも同じ場所に同じ姿で置いておくために、たとえば、ドライバーの姿を板に記してその上に置いて管理する方法がある。また、複数のファイルの背表紙全体にわたり斜め線を入れておくことで、使用されているファイルがどれなのかがわかるようにしておき、戻すときにもどこに戻したらよいかが一覧できる方法もある。これは、定位置を線により表示する方法である。また、複雑にならない範囲で色による整頓も効果的である。

2　清掃・清潔

（1）清掃・清潔の考え方

　清掃は、必要なものに付いた異物を除去し、きれいな状態にすることであり、清潔とは、整理・整頓・清掃が繰り返され、汚れのない状態を維持していることである。清掃は、文字の意味から手にもった雑巾でふき清めることをいう。単に掃除をするだけではなく、どこにどのような異物が付くかを知り、その異物が出なくなるようにしていく活動が必要になる。検査することによって清掃の状態がチェックされる。機械や設備を清掃しておくと、その劣化を防止することに役立つ。清掃を行うことによって、安全で容易に作業することにつながる。

　常に整理・整頓・清掃を行い、職場を整備していくことによって、結果として常に清潔な職場が実現できる。清潔な環境が維持されると、職場の秩序が保たれ、整然とした状態で作業することができる。

（2）清掃・清潔の実践の仕方

　清掃の基本はみずから行うことである。自分で清掃することで、どこにどのようなゴミが付着するか、どこが汚れやすいかがわかり、対策をとりやすくなる。最終的には、そのゴミが出なくなるようにすることである。このような目で清掃をすることで、機械・設備の不具合や故障原因がつかめるかもしれない。清掃が機械・設備の点検作業も兼ねて行えることになる。

　整理・整頓・清掃の活動は一時的では意味がない。継続して職場の清潔が保てなければ5Sの活動をする価値がない。そのために、定期的にこれらの活動を行い、また予防していく方策を検討する必要がある。整理については、定期的に一斉チェックを行い、また不要物が発生しないしくみを考案することが大切である。整頓については、戻さなくてもよい（手を放したら戻ってくれる）しくみや自動的に整列するしくみをつくったり、清掃については、汚れを定期的に除去したり、汚れても自動

的に清掃されるしくみや、汚れが発生しないしくみを考えることも重要である。

3　躾（しつけ）

（1）躾の考え方

　躾は、決めたことを必ず守り習慣づけることをいう。躾は、日本で作られた文字である。その意味は、もともと裁縫の用語であり、本縫いの前に縫い目を維持しておくために仮に縫い付けておく「仕付け」から発生しているといわれている。仕付けを行うことにより、型が崩れないようにできるわけである。

　躾が実現されていると、特に指示や注意がなくとも、決められた服装で、正しい作業手順に従って、整理・整頓・清掃・清潔などの決められたルールをいつも守る習慣が身についていることにある。したがって、守るべきルールの妥当性や必要性が十分に検討され、職場の全員に理解され、徹底されていなければならない。守るべきルールの解釈が人によって異なったり、誤解されたりしないようにルールは明確でなければならない。このルールの必要性や重要性についても周知し、実践している状態をチェックし、習慣化されるまで教育していくことが大切である。

（2）躾の実践の仕方

　躾は型にはめることであり、その型、すなわちルールが決まっていなければ、躾は実行できない。したがって、職場において守るべきルールをつくることが躾の条件である。新しく決められたルールはそれまで職場では行ってこなかったことが多い。そのためには旧来の習慣を全員参加で変えていく必要がある。また、習慣化するためには自己啓発の活動も必要となる。守るべきルールを明確にするためには、これを明文化しておく必要があり、周知するためには掲示しておくことも重要である。ルールが守られていない場面が発見されたなら、ただちに注意喚起を行

い、そのルールを守ることの必要性を確認して、ルール遵守が習慣化されるように啓蒙し、指導していくことが必要である。また、実情に合わないルールは、廃止したり、変更したりして、守るべきルールの見直しも行われなければならない。

第1章　理解度チェック

次の設問に、○×で解答しなさい（解答・解説は後段参照）。

1 生産統制は、製品の過剰生産を抑制するための活動である。

2 作業管理に関する次の記述のうち、誤っているものはどれか。
① 仕事に投入される資源は、素材から製品になる資源と、その変化を助けるための手段となる資源に分類できる。
② 事後処理に含まれる活動には、後始末、不適合品への対応、報告がある。
③ 管理余裕は、作業余裕と用達余裕とに分類できる。

3 IEの分析手法に関する次の記述のうち、正しいものはどれか。
① 工程分析には、製品工程分析、作業者工程分析、運搬工程分析などがあり、どの分析でも同じ記号が共通して用いられる。
② 時間研究で用いられるストップウォッチには、1分間を100に区切ったDMという単位がある。

4 作業改善の進め方に関する次の記述のうち、誤っているものはどれか。
① 分析的アプローチは、あるべき姿の分析を行い、具体案に結びつけていく方法である。
② 作業システムの設計は、方法研究と作業測定から構成されている。
③ 作業域に関する表現で、腕を伸ばして描いた円弧の内側は、最大作業域と呼ばれている。

5 5Sに関する次の記述のうち、正しいものはどれか。
① 5Sの第1段階は整頓である。
② 整頓を行う活動の1つとして、色分けをして管理することがある。

第1章 理解度チェック

1 | ×
生産統制は、機械の故障、資材の納入遅れ、作業者の欠勤等が原因で生産計画どおりに物事が運ばない場合に、計画と実績のズレを調整する活動である。

2 | ③ ×
管理余裕は、作業余裕と職場余裕に分類できる。

3 | ② ○
①について、工程分析で用いられる記号は、製品工程分析と作業者工程分析では共通だが、運搬工程分析では別の記号が用意されている。

4 | ① ×
分析的アプローチは現状の分析を行い、問題点を探し、改善案を見いだす方法である。

5 | ② ○
整頓の活動には、取りやすく置きやすい、目で見てすぐわかるようにするなどがあり、色分けによる管理もその活動の1つである。
①について、5Sの第1段階は、必要なものと不必要なものを分類し、不必要なものをなくすのが整理である。

参考文献

石川馨監修『管理技術ポケット事典』日科技連出版社、1981年

大島正光監修、大久保堯夫編『人間工学の百科事典』丸善、2005年

長田貴『5S』日本能率協会コンサルティング、1989年

久米均『品質経営入門』日科技連盟出版社、2005年

倉持茂編『多品種少量生産の工程管理』筑波書房、1988年

工程管理ハンドブック編集委員会編『工程管理ハンドブック』日刊工業新聞社、1992年

サイバーコンカレントマネジメント研究部会『サイバーマニュファクチャリング－eラーニングで学ぶモノづくり－』青山学院大学総合研究所AML2プロジェクト、2004年

坂本碩也・細野泰彦『生産管理入門〔第4版〕』オーム社、2017年

佐藤允一『問題構造学入門』ダイヤモンド社、1984年

ジット経営研究所編『5Sをやってシャキッ！としなさい』日刊工業新聞社、2005年

新郷重夫『源流検査とポカヨケ・システム』日本能率協会マネジメントセンター、1985年

生産管理便覧編集委員会編『新版 生産管理便覧』丸善、1991年

千住鎮雄編『作業研究〔改訂版〕』日本規格協会、1987年

玉木欽也『戦略的生産システム』白桃書房、1996年

東京実践経営研究会編著『生産管理実務便覧』通産資料調査会、1996年

徳山博于・曹徳弼・熊本和浩『生産マネジメント』朝倉書店、2002年

中村善太郎『もの・こと分析』日本能率協会マネジメントセンター、1992年

G.ナドラー、村松林太郎訳『ワーク・デザイン』建帛社、1966年

並木高矣『工程管理の実際〔第4版〕』日刊工業新聞社、1982年

日科技連FIE運営委員会編『IEによる職場改善実践コーステキスト』日科技連出版社

日本経営工学会編『生産管理用語辞典』日本規格協会、2002年

日本産業規格：JIS Z 8141：2022『生産管理用語』、2022年

日本MH協会編『マテリアルハンドリング便覧』日刊工業新聞社、1987年

R. M. バーンズ、大坪檀訳『最新動作・時間研究』産能大学出版部、1990年

藤田彰久『新版 IEの基礎』建帛社、1997年

村松林太郎『新版 生産管理の基礎』国元書房、1979年

横溝克己・三浦達司・河原巌・宮代信夫・小松原明哲『あたらしいワーク・ス
　タディ』技報堂出版、1987年

渡邉一衛編「IEr養成コース入門コーステキスト」日本IE協会

工程管理基礎

この章のねらい

　工程管理は、需要の3要素（QCD＝品質・コスト・納期）のうち時間（納期）に焦点を当てた管理が基本となる。つまり、工程管理は「納期の遵守と生産期間の短縮」および「必要な生産数量の確保」を主要な目的に置いている。

　第2章では、この工程管理の基礎を修得することをねらいとし、初めに工程管理の目的、工程管理を構成する生産計画と生産統制の管理業務の全体像を把握する。次に、生産を考えるときの基礎となる生産形態の分類と生産管理システムの違いを学ぶ。

　また、生産計画における期間別の計画としての日程計画、日程計画と並行して進められる工数計画との関係を学び、さらに、生産計画で立てた目標納期と目標数量を達成できるように製造活動を統制する生産統制について、その管理業務（製作手配、作業手配、作業統制、事後処理）の内容と、対応する生産計画の管理業務との関係を学ぶ。

第 1 節 | 工程管理の考え方

学習のポイント

◆工程管理は生産計画と生産統制から構成されることをとらえ、相互の関連性を考慮しつつ、①工程管理の目的、②工程管理の業務構成、③工程管理の管理特性、④生産計画と在庫、⑤生産統制と緩衝機能、の課題について学ぶ。

◆工程管理の業務構成では、生産計画と生産統制のそれぞれの管理業務の構成と、双方の管理業務の関係性について学ぶ。そのうえで、生産計画の諸管理業務を、日程計画に関係する期間別の計画と要素別の計画の観点から体系的に理解する。

◆工程管理の管理特性については、時間特性と数量特性、そして工数と日程の管理特性という2つの観点があることを示す。

◆生産計画と在庫では、まず在庫の対象である資材の分類を確認し、その後で、資材の適正な在庫をもつことの利点と、在庫量が増えすぎることの欠点について示す。さらに、在庫と生産期間との関連性について、サプライチェーン、在庫ポイントなどの概念を通して解説する。

◆最後の生産統制と緩衝機能では、計画に対して、実績に差異が生じた場合には、その差異を吸収し、変動を減少させる方策が必要になり、そのためにはあらかじめ余裕となる緩衝を組み込む必要があることを理解する。

1 工程管理の目的と意義

　工程管理を広義にとらえて生産管理と同義とする場合がある。しかし本節では、狭義の立場をとることとし、その狭義の工程管理は、所定の品質・原価の製品を保って、定められた生産量だけ、予定した納期に合わせて生産を完了するために、生産計画し、必要な資源を調達し、その計画と実績との差異を生産統制することである。

　QCD（Quality＝品質、Cost＝コスト、Delivery＝納期）は、顧客の満足を得るための需要の3要素ともいわれ、広義の生産管理の目的にもつながっている。特に工程管理の目的は、需要の3要素の中でも時間管理に焦点を置いている。つまり、「納期の遵守と生産期間（生産リードタイム）の短縮」および「必要な生産数量の確保」を主要な目的に置いている。その際、「生産性の向上や操業度の維持」と「仕掛品、在庫量の適正化と減少」にも配慮することにより、工程管理費用ないしは製造原価の低減、さらには生産・販売・物流活動の統合化やジャストインタイム化によってトータルコストの低減を図ることを目指している。

（1）納期の遵守

　納期を確保することは、顧客が要求する時期までに、要求された数量を供給することであり、価格や品質と同様に取引上の絶対条件となる。顧客から信用を得て、顧客と契約した期日に納品するためには次のことに留意すべきである。

　① 適切な納期で注文をとること
　② 生産計画どおりに生産すること

　なお、①についてはムリな注文をなるべく避けることであるが、それには生産に必要な標準的な期間（後述する基準日程という）を決めておき、それに基づいて受注活動を行うべきである。②は精度の高い生産計画を立てることであるが、それには受注情報の信頼性や計画資料の精度を向上させることが必要である。

（2）生産期間の短縮

　生産期間を短縮するためには、図表2-1-1に示したようにその構成要素である製品の設計期間、資材の調達期間、製造期間を短縮しなければならない。生産期間の短縮によって、短納期注文への対応や受注予測の精度が向上するので受注競争が有利になる。また、仕掛品や貯蔵品が減るので運転資金が節減され、資本の回転率が向上するとともに、納期確保の容易化、生産活動の向上、製造原価の引き下げなどの効果が期待できる。

　生産期間が受注期間（受注納期）より長い場合には、受注してから生産に着手したのでは、納期までに製品を完成できない。この場合は、生産期間を短縮するか、先行手配（見込調達や見込生産）をする必要がある。

図表2-1-1 ●生産期間の構成内容

出所：工程管理ハンドブック編集委員会編『工程管理ハンドブック』日刊工業新聞
　　　社、p. 45、1992年

（3）生産期間に含まれる製造期間の短縮

　生産期間の中で特に製造期間を短縮するためには、仕掛品を低減することが効果的であり、逆に、仕掛品を減らすことにより製造期間が短縮できる。つまり、製造期間は、加工期間・組立期間・検査期間・運搬期間および停滞期間によって構成されるが、なかでも仕掛品として停滞している期間が著しく長いからである。一般的には、全生産期間に占める停滞期間は6割から8割といわれている。

（4）稼働率の向上

　多種少量生産では、必要最小限の適切な仕掛品を保有し、それが作業者や設備の手待ちを防止し、稼働率の向上につながる効果がある場合がある。つまり、適度な仕掛品があれば、人や機械の操業度を維持できるので、正確な生産予定が立てられる。その反面、前述したように多すぎる工程間および工程内の仕掛品は、生産期間の長期化を招くことになるので注意を必要とする。

2　工程管理の構成

（1）生産計画と生産統制

　ここでは、生産計画と生産統制のそれぞれに含まれる管理業務の構成

図表2-1-2 ● 工程管理の業務構成

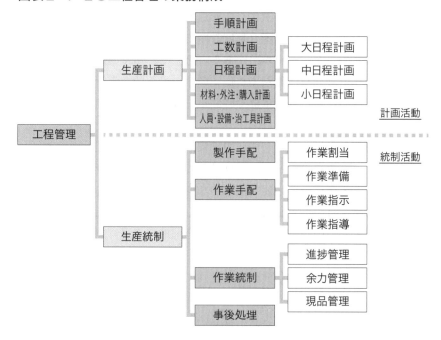

と、双方の管理業務の関係性について述べる。図表2-1-2に、生産計画と生産統制のそれぞれに含まれる管理業務の構成を示した。

　まず、生産計画に関係する計画活動は、手順計画、工数計画、日程計画、材料計画・外注計画・購入計画、人員計画・設備計画・治工具計画である。

　一方、生産統制を構成する統制活動は、製作手配、作業手配（作業割当、作業準備、作業指示、作業指導）、作業統制（進捗管理、余力管理、現品管理）、事後処理である。

（2）期間別の計画と要素別の計画

Ⅰ　生産計画における期間別の計画（日程計画）

　生産計画における日程計画は、図表2-1-3に示すように大・中・小日程計画のように分けられる。このような日程計画には、短期経営計画と深い関連性をもつ大日程計画（年度や半年計画で、事業部や工場全体のスケジュール）がある。次に、3ヵ月先の内示計画から1ヵ月先の確定計画などを含む中日程計画（月度計画で、工場内の部門別や工程別、製品品種ごとのスケジュール）がある。そして、個々の製品に対する作業者や機械への詳細な作業割当や作業順序の最終的な実行計画である小日程計画（週間にわたる日単位や時間単位ごとの作業者別・機械別のスケジュール）がある。

　後述する工数計画に対応して、中日程計画および小日程計画は並行して進められるべきものである。日程計画では基準日程（資材調達や製造などを含めた生産活動に必要な標準的な期間）をもとに各工程での作業の着手日と完了日の予定を決めるのに対して、その後の工数計画では各工程の負荷と能力の調整に重点を置き、合理的で実現可能なスケジュールを設定する。

Ⅱ　生産計画における主な要素別の計画

1）手順計画

　手順計画によって、作業方法、部品の加工順序、製品の組立順序、各

図表2-1-3 ●大・中・小日程計画の主な計画業務内容

日程	計画期間	単位	計画対象	目　的	計画内容
大日程計画	（年間レベルの長期日程）半年～1年間	週～月	事業部別・工場別	販売計画との調整をしながら大日程（＝設計・調達・製造・物流日程）を立案。売上目標を達成するために、工場全体の生産品種、生産数量、製造原価を決定	・モデルチェンジ計画 ・量産移行計画 ・設備投資計画 ・材料計画（先行手配） ・人員計画 ・サプライヤー選定
中日程計画	（月間レベルの中期日程）1～3ヵ月間	日～旬	工場内の製造部門別・工程別	生産品種・生産量、その品種の最終納期に合わせた生産完了日の確定。その生産完了日に対して「基準日程（各工程の加工時間＋余裕時間の平均日数）」を考慮することにより、部品製作・最終製品組立、外注部品の調達手配の着手・完了日程の決定	・一般的に翌月分は、確定計画、翌々月分は内示計画と呼ぶ ・内製部品製作、最終製品組立の生産指示（着手日・完了日） ・購買・外注部品の購買指示（手配日・納品日）
小日程計画	（週間レベルの短期日程）1～10日間	時間～日	製造現場内の班別・個人別	資材調達の実情・工程の進捗状況・注文内容の変更を考慮したうえで、作業者別・機械別で、製品別・ロット別の「作業割当」まで決めた作業予定	・狭義のスケジューリング：作業者別・機械別に各作業の開始と終了の時期を決めた詳細な計画

工程で活用する機械・治工具・人員、（標準）作業時間などを決定する。一般に、手順計画の大部分は、実際の製造活動を実施する段階以前の上位の計画段階での管理機能であり、主として生産技術部門が担当する生産システム設計（工程設計）および作業システム設計の業務に関係している。

2）工数計画

　工数計画では、所定の計画期間（普通は1ヵ月）に所定の職場で生産する製品の仕事量（負荷工数）と、同期間の生産能力（保有工数）を求め、両者の差（余力）が最小となるように、両者を調整する。

Ⅲ　生産統制における主な要素別の計画

　生産統制は、当初の生産計画時に立てた目標納期と目標生産数量をできる限り達成できるように製造活動を統制することである。具体的には生産計画と製造活動という2つの業務間にあって、生産計画と製造活動の実績との差異、さらには差異が生じた原因を的確に把握して、必要な場合には再計画やそのための作業変更や対策を講じる。

　生産統制の管理業務を実施順序に従って大別すると、製作手配、作業手配（差立）、作業統制、事後処理という4段階に分けられる。生産計画との対応について作業手配（差立）を取り上げると、小日程計画の作業着手日程の統制が、ここでの管理業務となる。

（3）緩衝機能の重要性

　生産計画に対して、実績に差異が生じた場合には、その差異を吸収し、変動を減少させる方策が必要になる。そのために生産計画や工程編成の際に、あらかじめ余裕となる緩衝（Buffer）を組み込むことがある。

　生産計画において、適当な種類と大きさの緩衝をもつことにより変動が吸収されるならば、需要への適応性は高くなる。反面、その緩衝規模が大きくなると、それを維持するコストは大きくなる。

　変動に対する緩衝機能をもたないと、緩衝に要するコストは小さくなるが、反対に、需要への適応性の低下による損失や統制機能を働かせるコストが大きくなる。

（4）緩衝の種類

　緩衝の種類には次のような3つの方策がある。
　①　モノによる緩衝（原材料・部品・仕掛品・製品在庫など）
　②　能力による緩衝（予備人員・機械、残業、外注など）

③　時間による緩衝（余裕のある納期・日程計画など）

このうち、特に重要なモノによる緩衝について述べる。

1）原材料・部品在庫

　生産計画どおりに原材料・部品が納入されない場合は、計画変更による原材料・部品の使用種類や使用数量に対する品切れ防止のために、原材料・部品の安全在庫が必要になる。

2）仕掛品在庫

　仕掛品在庫は、各工程間で緩衝としての役割を果たすことから、各工程が独立性をもち、前後の工程の制約なしに効率的な生産ができる。仕掛品在庫の活用として次のようなものがある。

　①　各工程間で生産能力のバランスを考えるとき、主要工程がしばしばボトルネック工程であることがあり、この工程の前に仕掛品の中間在庫を置き、この工程の生産能力の向上を図ることによって全工程の生産能力を上げることが期待できる。

　②　生産設備の故障、品質不適合などの予測困難な要因による生産時間ロスを工程内で防止できる。

　③　生産期間が長い場合に、標準品を中間的な仕掛品在庫として見込みによる先行生産をしておけば、受注があってから製品を完成するまでの生産期間を短縮できる。

　しかしながら、仕掛品在庫が増えすぎると、在庫費用が増大することに加えて、生産リードタイムが長くなり、顧客受注に対する短納期対応ができなくなる。さらに、先の在庫費用に加えて、在庫回転率が低下するために財務的にも不利となる。

3）製品在庫

　製品在庫の緩衝があると、販売による需要の変動の影響を、生産計画や生産工程に直接受けることが避けられるために（独立性）、生産能力を安定して使うことができ、経済的に生産できる。

　生産のロットまとめを行い（ロットサイズ在庫とも呼ぶ）、リードタイムを考慮した生産計画を立てるために、在庫管理が重要な役割を果たす。

まとめて生産すれば1回の段取で済むために低いコストで生産できる。つまり量産効果という在庫理由に基づく在庫である。

　ただし、製品在庫が多すぎると保管費用の増大、資金悪化、在庫の陳腐化を引き起こし、一方、製品在庫が少なすぎて品切れを起こすと販売機会を失うというトレードオフ関係になる。

第 2 節　生産形態の分類

学習のポイント

◆製品がどのように作り込まれていくかという観点からは、装置型生産と組立型生産に大別される。本節では、後者の組立型生産を対象とした生産形態の分類について述べる。

◆生産形態の分類としては、①受注の仕方による分類、②生産品種と生産量による分類、③製品の流し方による分類、が挙げられる。

　製品がどのように作り込まれていくかという観点からは、装置型生産と組立型生産に大別される。まず、装置型生産とは、1つの素材が後工程になるごとに加工が加えられて、扇形に広がるような形でいろいろな製品に変化する生産形態になる。一方、組立型生産では、いろいろな原材料から部品を自社の工場内で製作したり、あるいは外部から調達してきたものを集めて、それらの部品を順次組み立てて製品を完成させる形態である。本節では、後者の組立型生産を対象とした生産形態の分類について述べる。

　生産システムを生産形態の観点からとらえると、モノの流れと情報の流れが有機的に結合されて構成されているものといえる。生産形態とは、主に前者のモノの流れのほうの違いの特徴をとらえたものである。

　生産形態の分類にはさまざまなものがあるが、図表2-2-1に示したように、①受注と生産の時期、②生産品種と生産量の違い、③製品の流し方、によって分けることがある。

　生産管理の見地からは、業種や企業規模の大小よりも、生産形態のほ

図表２−２−１ ● 生産形態の分類

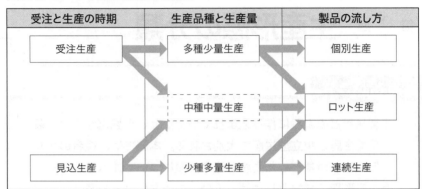

うが重要である。したがって、生産形態はそのままにしておいて、生産管理の方法のみを改善しても、その効果には限界がある。

1 受注の仕方による分類

受注の仕方による分類による視点として、図表２−２−２に受注生産と見込生産の一般的な分類を示した。

受注生産とは、「顧客が定めた仕様の製品を生産者が生産する形態。注釈１ 見込生産を改めて、受注生産の特徴を取り込んだ生産形態にすることを受注生産化という」（JIS Z 8141：2022-3204）と定義される。つまり受注生産は、顧客からの注文に基づいて製品仕様を決定し、製品の生産を行うものである。最終組立会社と部品供給業者（サプライヤー）との企業間取引でよく見られる生産形態である。顧客の注文に対応しながら製品仕様を決め、製品の完成を待ってくれる納期の間に、確実に購入してくれるものを調達する場合を、プロジェクト型の受注生産と呼び、専用工作機械や船舶またはビル建設などがその例である。

見込生産では、顧客を逃さないために、素材をあらかじめ購入し、受注前に計画的に生産し、在庫品として蓄えておき、注文に応じて出荷す

図表２-２-２●受注の仕方による分類：受注生産と見込生産の特徴

比較項目	受注生産	見込生産
品目例	専用工作機械、船舶、サプライヤー側から調達される部品や生産財など	消耗品、家電製品や自動車などの耐久消費財など
顧客	特定の顧客	不特定の顧客
製品仕様	客先仕様であり受注まで不確定	市場調査や需要予測により、顧客ニーズに合致した製品仕様を生産者側で決定
製品品種	顧客から要求された品種数	生産者が一定の製品グループやタイプを企画
操業度	不安定	安定
受注変動への対応	生産能力により調整	製品在庫の量により調整

る。この見込生産とは、「生産者が市場の需要を見越して企画・設計した製品を生産し、不特定な顧客を対象として市場に出荷する形態」（JIS Z 8141：2022-3203）と定義される。

　受注生産と見込生産の区分は、製品仕様（たとえばデザイン、機能、性能、品質、その他の規格、価格など）の確定時期によって判断することができる。

　受注生産では、注文を受けて初めて製品仕様が明確にされる。一方、見込生産では、たとえば市場調査や需要予測などの適切な手段により、顧客のニーズに合致した製品仕様を受注以前に確定しておく。つまり見込生産は、生産の工程、作業、生産要素などの基本的な事柄が明確で、生産計画が立てやすい。これに対して受注生産は、製品仕様は受注する以前は不確実なために、生産の基本的事柄が既知でなく、生産計画は立てにくい傾向がある。

2 生産品種と生産量による分類

　製品別の生産量（生産数量および所要工数）の多少によって、少種多

量生産と多種少量生産とに大別されるが、両者の中間的段階として中種中量生産の生産形態がある。しかし、何品種からが多種か、何個からが多量か、といった区分は製品の生産特性によって異なるため、一般的な定量的基準は決められない。

　つまり、少量とか多量ということは、単に数量の問題だけではなく、製品の加工時間や組立時間（所要工数）に関係する。たとえば、５千個とか１万個とかいっても、小物プレス加工なら、段取替えが頻繁に行えるので、それぞれの加工作業は短時間に完了し、管理的には少量生産とみなす。しかし、１台の自動車の加工・組立に長時間を要するような生産の場合には、月々の生産量が５千台、１万台でも多量生産とみなされる。

　さらに、製品品種の区分については、単に製品の規格（サイズ別や識別など）だけを考えるのではなく、生産管理の立場からは、段取替えを要する場合に、品種が変わったとみなすことがある。つまり、製品規格に多少の違いがあっても、段取替えをせずに継続して生産できるならば同一品種とみなして差し支えないことがある。

　一般的に、典型的な流れ作業（コンベヤシステムを用いる場合が多い）は少種多量生産、多量のロット生産は中種中量生産、個別生産や少量のロット生産は多種少量生産になる傾向がある。

（１）少種多量生産

　少ない品種をそれぞれ多量に生産する形態であり、見込生産方式および連続生産方式と類似した特性をもち、この代表的な例はコンベヤラインを用いた流れ生産方式である。以下に少種多量生産の特徴と留意すべき点を示す。

　　①　見込生産による計画的生産で、高い操業度を維持することが前提となる。

　　②　ライン生産に適しており、高い生産性、多量で低コスト、高品質の製品の生産を目指している。

　　③　適切なマーケティング活動をくみ取り、タイミングのよい新製品

の開発・生産・販売が経営を左右する。

④　生産量が減少した場合、イニシャルコストが大きいために設備投資の回収が困難となる危険性もあるため、周到な計画と準備が必要となる。

（2）多種少量生産

多くの品種を少しずつ生産する方式であり、先の少種多量生産と比較して、生産管理の立場からするとやりにくい面が多い。資材管理面からは部品の種類が多くなるため棚卸資産の負担額が増え、機種切り替えの頻発により生産性が低下するなど、難しい生産形態である。

すなわち、製品品種が多いために、生産数量や納期も多様になる。生産工程の多様性については、原材料や部品から製品を生産する手順が多様であるため、生産工程の流れがそれぞれの製品について異なり、工程の流れも交錯する。製品の品種ごとの需要量の伸びしだいで生産設備の能力に過不足が生じ、残業やシフト交替などの稼働時間の延長をもたらすことがある。外部や内部の環境条件の不確実性については、受注品の仕様・数量・納期の変更、それに伴う設計変更、特急品への対応、外部からの購入品（原材料、部品）の欠品や納期遅れなどの対策が必要になる。

以上のように、受注品の仕様変更に起因する設計変更・生産工程の変更や、錯綜する生産工程の流れを調整するために、生産計画や工程計画は複雑になる。それに加えて、設備故障、作業者の欠勤や熟練工の欠如、不適合品の発生など、不慮のトラブルが発生することがあり、工程計画や生産計画の調整や変更で対処することになる。

3　製品の流し方による分類

同じ製品が連続して流れているか否かによって、個別生産と連続生産に大別される。また、両者の中間段階として、ロット生産（断続生産）がある。

（１）個別生産

　個別生産とは、「個々の注文に応じて、その都度１回限り生産する形態。注釈１　個々の注文に応じるには受注後に生産することから、受注生産ともいえる。注釈２　連続生産の反義語」（JIS Z 8141：2022-3209）と定義される。この個別生産は、受注生産に多く見られ、受注のたびに個別に生産する形態である。作業面からすると一品一品の独立性が強く、期間の継続性も薄く、他の製品との関連性も少ない。製品ごとの生産数量も少ない。

　したがって、個別生産は受注生産に代表されるように、各製品の加工順序や加工時間が大幅に異なる場合に採用される生産形態である。つまり、生産工程も高速専用の専用設備ラインを設置することは経済的に不可能であり、注文ごとに異なる仕様、数量、納期をもつ製品を限られた設備能力のもとで、納期を維持し、生産設備や作業者の生産効率を高めるような仕事の流し方を決めることが重要となる。

（２）ロット生産

　同一の製品を適切な数量にまとめて生産する形態であり、このように製品をひとまとめに集めたものをロット（Lot）と呼び、このロットを中心に生産するのが特徴である。つまり、ロット生産とは、「複数の製品を品種ごとにまとめて交互に生産する形態。注釈１　間欠生産又は断続生産（intermittent production）ともいい、個別生産と連続生産の中間的な生産形態」（JIS Z 8141：2022-3210）と定義される。

　ロット生産は個別生産に比べ、作業能率は向上し、作業の熟練も早く、稼働状況も良好になる。ただし、１つのロットに含まれる数量が大きくなるにつれて、工程間仕掛品が多くなるため、生産期間が長くなり、１ロットについての数量の大きさをどの程度に決めるか、市場の状態を生産能力の関係から十分配慮することが大切になる。ロット生産において、特に多段階の生産工程の場合、各製品の投入順序と投入量によって、各工程間での仕掛品の量および停滞時間に影響を受けることから、効果的

な仕事の流し方（ロットスケジューリング）と、適正なロットサイズ（1つのロットに含まれる数量）を決める必要がある。

（3）連続生産

連続生産とは、「同一の製品を一定期間続けて生産する形態。注釈1 個別生産の反義語」（JIS Z 8141：2022-3211）と定義される。また、連続生産は、製品別配置の観点から見るとフローショップ型となる。

第 3 節 # 日程計画

学習のポイント

◆日程計画の目的や意義を理解し、生産計画を立てる際の重要
な項目としての負荷と能力についての知識を得る。

◆負荷と能力の計算の方法を理解し、その調整方法についての
知識を修得する。

◆日程計画の表現の方法、日程計画に関する技法を修得し、そ
れらの方法を使用できるようになる。

1 工数と日程

（1）工数計画の意義とその目的

工数とは、「仕事量の全体を表す尺度で、仕事を一人の作業者で遂行す
るのに要する時間」（JIS Z 8141：2022-1227）と定義される。すなわち、
１人の作業者が行う時間で測定された仕事量に投入する人数を乗じたも
のであり、単位として人・日（man-day）、人・時（man-hour）、人・分
（man-minute）などが用いられる。たとえば、30人・時といえば、１人
で30時間、２人で15時間、３人で10時間それぞれ投じてこなせる仕事量
である。

工数計画は、生産計画によって決められた製品別の納期と生産量（何
を、いつ、どれだけ生産するか）についての仕事量に対して、人員や機
械・設備の必要量を決定し、人員や機械・設備の手持ち量を比較評価し
て、調整を行い、いつ、どれだけの人員や機械・設備を用意すればよい
かという計画を立てることである。生産に必要な仕事量が、用意できる

量に比べて多い場合には、予定された生産ができなくなるため、需要を
まかなえない状況になり、納期遅れ損や売り逃し損が発生する。また、
逆に用意できる量が、生産に必要な仕事量より多い場合には、生産に余
裕はできるが、作業者の手余り損や機械の稼働率が落ちる損失が発生す
る。したがって、両者のバランスがとれるような工数計画を作成するこ
とが重要である。

（2）工数計画と日程計画

　生産計画とは、「生産量と生産時期に関する計画」（JIS Z 8141：2022-
3302）と定義される。すでに述べたように、生産計画は、大・中・小日
程計画の３つに分ける場合がある。大日程計画は、比較的長期間、たと
えば半年から１年以上にわたる計画期間について、長期的な販売、受注
予測と生産能力を考慮し１ヵ月程度の期間単位に何をどれだけ生産する
かという総合的な計画である。中日程計画は、大日程計画をもとにして、
たとえば月単位の計画から週単位の計画へ細かくしていくとともに、内
容も手順計画、資材・外注計画、設備・人員計画、基準日程計画など詳
細になっていく。工数計画はこの段階の計画の１つとして位置づけられ
る。小日程計画は、中日程計画に基づき、日単位程度の計画期間で、い
つ、どの工程で、どの機械・設備を用いて、だれが、何を、どれだけ処
理するかを時間単位で決める段階である。

（3）負荷と生産能力の工数換算
I　負荷の計算

　負荷とは、「人又は機械・設備に課せられる仕事量。注釈１　負荷は時
間、重量、工数などの単位で示される」（JIS Z 8141：2022-1228）と定
義され、負荷量は以下のように計算できる。まず、手順計画により製品
１個当たりの工程別の標準時間が決まる。この値に、計画期間内に生産
される製品について生産数量をそれぞれ乗じ、工程別に集計することで
各工程別の総工数が計算できる。これらの値について、職場単位で集計

することにより、職場単位の負荷工数が計算できる。また、製品ごとの適合品率を設定した場合には、生産数量の代わりに、〔必要数量/適合品率〕を用いる。さらに、段取時間を考慮する場合もあり、そのときには段取時間を加えて負荷工数とすることもある。

負荷工数の単純な計算例を示す。ある工程での製品Aの標準時間が0.5時間、計画期間内に必要な製品を700個生産し、適合品率が95%だったとしよう。このときのその工程での負荷工数は、

$$0.5 \times 700/0.95 \fallingdotseq 368.4$$

より、368.4人・時であることがわかる。

Ⅱ 能力の計算

能力の計算は、作業者と機械とでは多少異なるため、個別に行う必要がある。

1）作業者の生産能力

現行の人員のもとでの標準的な作業条件下での能力を求める必要がある。その理由は、負荷工数を標準時間で求めているためである。結果として計画期間における作業者の生産能力Cpは次式により求められる。

$$Cp = MTx(1 - y)$$

ここで、Mは単位時間の作業者の標準的条件下での能力（職場の換算人員）、Tは計画期間における実働時間、xは出勤率、yは間接作業率（正規作業以外の間接作業や事故などによる停止の発生する確率であり、正規作業時間には余裕が含まれているため作業が安定している職場ではこの比率は小さい）である。一般に、$x(1 - y)$は稼働率として計算されることもある。また、職場全員が標準的な作業者であるとみなすことができれば、Mはその職場の作業者数となる。したがって、

作業者の生産能力＝実働時間×作業者数×稼働率

と表している場合もある。

2）機械の生産能力

機械の生産能力 Cm については、出勤率や間接作業率を考慮する必要がないため、稼働率を用いて次式により求められる。

$$Cm = MTz$$

ここで、Mは計画期間の機械の標準的条件下での能力（職場の機械台数）、Tは計画期間における実働時間、zは稼働率である。稼働率のかわりに、〔1－機械の故障率〕を用いる場合もある。

（4）負荷と能力の調整

Ⅰ　負荷計画の方法

負荷計画とは、「生産部門又は職場ごとに課す仕事量、すなわち、生産負荷を計算し、これを計画期間全体にわたって各職場に割り付ける活動」（JIS Z 8141：2022-3305）と定義される。すなわち、負荷と能力をそれぞれ計算し、その差異を比較して対策を考える活動である。

負荷を課す行為を山積みともいい、以下の2つの方法がある。

1）無限山積み法

ワークステーションの能力を考慮しないで、負荷量を山積みする方法である。どのワークステーションが、いつごろ負荷量が多くなるかを知ることができる。この負荷量の結果をもとにして、各ワークステーションの能力に応じて調整を行うことができる。

2）有限山積み法

作業ごとの負荷工数のリストに基づいてワークステーションの能力を割り振っていく方法である。この方法は、各ワークステーションの能力以上に負荷が山積みされないため、実行可能な負荷計画が得やすいという利点がある。

図表2-3-1は工数の山積みを示した工数山積み表の例である。この図表では、機械Lが2台、機械Mが1台、機械Dが1台ある職場におい

図表2-3-1 ●工数山積み表の例

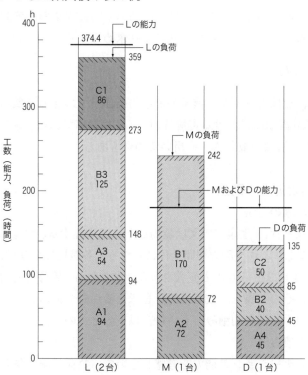

出所：並木高矣『工程管理の実際』日刊工業新聞社

て、3種の製品A、B、Cの部品の加工を行うときの負荷工数を示している。たとえばこの図表において「A1 94」とは、製品Aの加工の1番目であり、機械Lで負荷工数が94時間になることを示している。また、それぞれの機械における能力が実線で示されており、機械Mの負荷工数が能力工数を上回っていることを示している。

Ⅱ　負荷計画のロス対策

負荷工数と能力工数とのバランスの関係には、〔負荷工数＝能力工数〕の場合、〔負荷工数＜能力工数〕および〔負荷工数＞能力工数〕の場合がある。計画段階で負荷工数と能力工数にバランスがとれていることはほ

とんどないため、不等号の関係が成り立つ場合の調整を行うことになる。能力と負荷の差を余力と呼び、統制段階で余力の調整を行うことを余力管理と呼んでいる。

1）〔負荷工数＜能力工数〕の場合

　余力がある場合に当たり、以下のような対策を講じる。

　ア　仕事の投入日の前倒しによりロスを減らす

　イ　余力工数分だけ他の職場へ応援を行う

　ウ　余力工数分だけの仕事を他の職場から取り込む

　エ　始業時刻を遅らせたり、終業時刻を早めたりする

　オ　機械・設備の削減や人員の削減（パートタイマーやアルバイト作業者の削減が中心となる）を行う

2）〔負荷工数＞能力工数〕の場合

　負荷を減少させる方策として以下のようなものがある。

　ア　仕事の投入日の後倒しにより負荷をずらす

　イ　他の生産部署への作業の振り替えを行う

　ウ　作業改善や加工方法の改良により処理時間を削減する

　エ　作業の外注化、製品の外注化により負荷の軽減を図る

　また、能力を増大させる方策として以下のようなものがある。

　ア　早出や残業、休日出勤、シフトの増大などにより就業時間を増やす

　イ　他職場からの応援、パートタイマーやアルバイト作業者の増員、正社員の新規採用などにより作業者数を増やす

　ウ　新規設備の導入、設備の借り入れ、稼働時間の延長（たとえば終夜運転）など、機械・設備の増強を図る

　エ　段取時間の削減や段取回数の削減により主体作業時間の比率を増やす

2 日程計画の代表的な手法

（1）日程計画の意味と機能

　ここで扱う日程計画は、工数計画によって配分された仕事を構成している各作業について、いつからいつまでどの作業をどの作業者あるいは機械で行うかを決めることである。状況に応じて、単に作業順序を決めておく場合もある。これらの作業についての日程計画が立てられたら、日程計画表や作業予定表などに記録し、製造現場への作業指示の情報となる。特に、個別生産ではスケジュールの決定が重要であるため、以降では個別生産を中心に説明する。見込生産でも、生産ロットの大きさや、計画期間での必要生産数量が決まれば、以下の考え方が応用できる。

　個別生産の日程計画の手法として、各仕事が工程系列に沿って処理されていくときに、それらの仕事をどのような順序で処理するかを決めていく手法と、多くの作業から構成される1つの仕事をどのように処理していくかを決める手法とがある。前者は、あらかじめ計画期間内での仕事の全体の順序を決めていく順序づけ法と、ある作業ステーションで1つの仕事が終わったときに、次にどの仕事を行うかを決めるディスパッチング法とに分類できる。後者は、プロジェクトスケジューリングと呼ばれ、ネットワーク技法が用意されている。

（2）日程計画の表し方
Ⅰ　ガントチャート
　ガントチャートは、アメリカのガント（H. I. Gantt）により考案された図表であり、横軸に時間をとり作業の計画や進捗状態を表す。縦方向には、機械や作業者、ワークステーションなどの手段の資源をとる場合と、仕事や製品などの対象となる資源をとって示すグラフがある。

　図表2-3-2は、機械1と機械2で処理される4つの仕事（①）について、生産計画を示している（②、③）。②では縦方向に機械をとって示し、③では縦方向に仕事をとって示している。②、③とも同じ計画を示しているが、②では機械別の稼働状況が明確に示され、作業指示はこの図により示されることが一般的である。③では仕事の経過が示されており、製造リードタイムや仕事の滞留状況など、仕事別に進捗を把握した

図表2-3-2 ●ガントチャートの例

① 仕事の計画表

仕事名	機械1での作業時間	機械2での作業時間
仕事1	8：30～8：45	9：15～9：45
仕事2	9：00～9：30	11：45～12：15
仕事3	9：45～10：15	10：30～10：45
仕事4	10：45～11：00	11：15～11：30

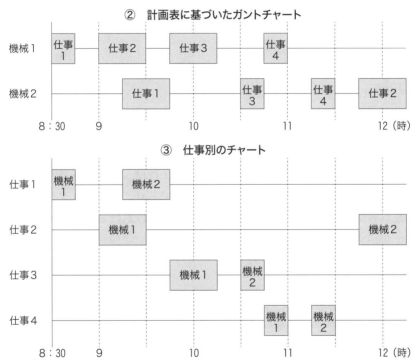

出所：渡邉一衛『納期管理基礎コース』PHP研究所

い場合に用いられる。

　図表2-3-3は、製品別の生産計画（上段）と、実績（下段）が示されたガントチャートであり、ガント式進度表と呼ばれている。この図表では、生産計画と生産統制の両面の表示がされている。

図表2-3-3 ●ガント式進度表

品名	予定数	1日(木)	2日(金)	5日(月)	6日(火)	7日(水)	8日(木)
平ベルト HA-445	200	50/50 100/100	50/100	50/150 100/200		50/200	
平ベルト HB-430	150	30/30	30/60 30/30	30/90	30/120 60/90	30/150 60/150	
Vベルト VA-325	300		100/100		100/100		100/200 100/200

出所：渡邉一衛『納期管理基礎コース』PHP研究所

Ⅱ　基準日程

　『生産管理用語辞典』（日本規格協会）によれば、基準日程は、日程計画の基礎となる標準的な日程（生産期間）であり、マスタースケジュールとも呼ばれる。基準日程は、平均的な操業度における仕事の流れに対して決められるもので、個別工程、部品全体、組立作業、製品全体などについて個々に設定される。これを図表化したものが基準日程表と呼ばれる。

　個別工程の基準日程では通常、正味の作業所要時間に対し、前後に余裕時間を加えて日程計画を立てる。準備段取時間や運搬時間、仕掛時間などの要因により正味作業時間より長くなることが多いためである。

　組立作業の基準日程の例を図表2-3-4に示す。組立作業では、作業に必要な部品が機械加工などにより処理され、組立工程に届くことが多い。そこで、製品工程分析を行い、作業内容と作業時間を把握し、最終工程の最後の時点を0として前へ戻りながらこの図表を作成していく。

Ⅲ　手配番数

　手配番数とは、「完成予定日を基準として、工程の所要期間を逆算した

図表2-3-4 ●組立作業の基準日程の例

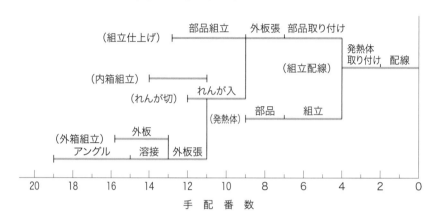

出所：並木高矣『工程管理の実際』日刊工業新聞社

目盛の数。注釈1　**手番**ともいい、着手日、完成日を表すときに用いる」
（JIS Z 8141：2022-4105）と定義される。この値は基準日程を数値化した
ものであり、その工程の着手日または完成日が、製品の最終完成日の何
日前になるかを示している。その値をそれぞれ着手手番および完成手番
と呼ぶ。また、工程の所要期間を工程手番と呼び、〔着手手番＝完成手番
＋工程手番〕により示される。手番は通常無名数で示され、その単位は
1日であることが多いが、基準日程が長い製品の場合には、2日、5日、
1週間等を1手番としてもよい。

　工場（職場）の暦日を、年初を基準にして手番と同じ単位で一貫番号
により示しておくと、日程計画や工数計画が機械的に計算できる、工程
図表を描かず計算により個々の部品の基準日程が計算できるなどの利点
がある。

（3）計画の基本的な立て方
Ⅰ　フォワードスケジューリング
　フォワードスケジューリングとは、「着手予定日（又は着手可能日）を

基準として、工程順序に沿って予定を決定する方法」(JIS Z 8141：2022
-3312) と定義される。この方法は、時間の進む方向に向かって計画を立
てるため、用いられるルールにより納期に間に合わない仕事も出てくる
可能性がある。このような場合には、納期に間に合うように、その仕事
よりも前に位置づけた仕事との調整を図る必要がある。

　たとえば、図表2-3-5に示される、1工程で処理される4つの仕事
に対して、2台の同じ性能をもった機械で処理する場合について考える。
納期の早い順に、負荷時間の小さい機械へ仕事を割り付けていくと、図
表2-3-6に示すスケジュールができる。このスケジュールでは、すべ
ての処理ができるだけ早く始められる計画となっているが、仕事3は納
期に間に合っていないため、順序の調整が必要になる。一般に、フォワ
ードスケジューリングで得られたスケジュールは前に詰めて仕事を進め
るため、作業者や機械・設備の稼働率向上に効果がある。

Ⅱ　バックワードスケジューリング

図表2-3-5●仕事の作業時間と納期

仕　　　事	1	2	3	4
作業時間 （時間）	4	5	7	1
納　　期 （時）	5	9	10	12

出所：渡邉一衛『納期管理基礎コース』PHP研究所

図表2-3-6●フォワードスケジューリングによるスケジュールの例

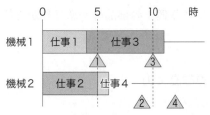

出所：渡邉一衛『納期管理基礎コース』PHP研究所

　バックワードスケジューリングとは、「完成予定日（又は納期）を基準
として、工程順序とは逆方向に予定を決定する方法」（JIS Z 8141：2022
-3313）と定義される。この方法は、納期の最後の仕事から、できる限り
納期に間に合って完成するように、時間の戻る方向に向かって計画を立
てるため、計画期間よりも前にスケジュールが出てしまうことがある。
このような場合には、計画期間に入るように仕事を入れ替える等の調整
を行うが、調整しきれない場合には納期に間に合わない仕事も発生する
ことになる。

　たとえば、前掲の図表2-3-5の4つの仕事について、バックワード
スケジューリングでスケジュールを作成すると、図表2-3-7に示すス
ケジュールが得られる。この例では、納期に間に合わない仕事は発生し
ておらず、納期に終わる仕事が3個、納期より前に終わる仕事が1個あ
ることがわかる。バックワードスケジューリングでは一般に、納期に合
わせてスケジュールを立てていくので、納期遵守に対する有効性が高い。

図表2-3-7 ● バックワードスケジューリングによるスケジュールの例

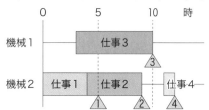

出所：渡邉一衛『納期管理基礎コース』PHP研究所

（4）日程計画の技法

　ここでは、個別生産を中心に、直列的に工程の処理が進んでいく製品
群を処理する場合に用いられるスケジューリング手法を紹介する。なお、
スケジューリングの基本的な手法には次の2つがある。

Ⅰ　順序づけ法

　順序づけ法は、定められた計画期間の中での工数計画により、複数の

仕事を処理していく場合のスケジューリング手法である。これは、あらかじめ計画期間を区分し、その期間ごとに工数計画によって複数の仕事を配分する方法である。対象の期間内に配分された全仕事に対して、総日程（総所要時間）が最小になるような日程を計画する方法である。

Ⅱ　ディスパッチング法

ディスパッチング法は、ある作業ステーション（工程）において、1つの仕事が終了したときに、その時点で加工待ちにある仕事群の中から1つの仕事を選んで決定していく方法である。このときの順序を決めるルールをディスパッチングルール（優先規則）と呼び、代表的なものとして以下のようなルールがある。

① 仕事の先着順（そのステーションへの到着順や受注順などがある）
② 仕事の納期順（納期が早い順に処理する）
③ 最小作業時間順（そのステーションでの作業時間や全作業時間の合計値が短い順に処理する）
④ 最大作業時間順（そのステーションでの作業時間や全作業時間の合計値の長い順に処理する）
⑤ 最小残り作業時間順（残りの作業時間の合計値が短い順に処理する）
⑥ 最大残り作業時間順（残りの作業時間の合計値が長い順に処理する）
⑦ 納期までの余裕時間の長い順（納期までの時間から残りの作業時間を引いた値が長い順に処理する）
⑧ 納期までの余裕時間の短い順（納期までの時間から残りの作業時間を引いた値が短い順に処理する）

第 4 節 生産統制

学習のポイント

◆本節では、生産統制の管理業務について学ぶ。
◆生産統制の管理業務を実施順序に従って大別すると、製作手配、作業手配、作業統制、事後処理の4段階に分けられることを理解し、生産計画の管理業務とどのように対応づけて統制すべきかを学ぶ。
◆また、作業統制を構成する進捗管理、余力管理、現品管理について、意義とねらい、情報と管理の方法を学ぶ。

1 生産計画と生産統制の管理業務

本節では、生産統制の中で特に作業手配と、作業統制を構成する進捗管理、余力管理、現品管理を取り上げる。図表2-4-1は、生産統制の管理業務と生産計画との関係について示している。

2 製作手配

製作手配は、生産計画を手順計画および中・小日程計画に基づき実施するために、中央の管理部門から製造現場における各担当部門に対し、以下に示すような帳票類を用いて、それぞれの業務に必要な諸事項の生産指示をすることである。そのために製作手配では、各担当部門に行わせる業務に対して手配すべき必要事項をまとめ、それに対応した各種伝票の台帳を作り、それぞれの担当部門へ該当する伝票を発行および配布

121

図表2-4-1●生産計画に対応した生産統制の各管理業務の関係

生産統制	管理業務の内容	生産計画の統制
作業手配 (差立)	職場の作業者・機械に対する日々の作業の作業準備、作業割当、作業指示、作業指導	小日程計画の作業着手日程の統制
進捗管理	作業予定に対して、製造現場の予測困難な要因に対応した作業実績の把握：進捗の分析・判定・対策、そして効果確認	小日程計画の作業完了日程（納期確保）の統制
余力管理	工数計画時に対して予測を超えた仕事量と生産能力とによる余力を再配分して、計画された納期確保	工数計画に対する修正
現品管理	現品（原材料、部品、半製品、仕掛品、製品）の所在と数量を把握し、倉庫での保管、工場内での運搬、製造現場内での停滞（仕掛品）の状態を管理	材料計画、在庫管理、運搬管理などに関係

することにより、各担当部門に事前準備をさせる。

　このことによって、各担当部門では、次のステップに当たる作業手配のための基礎情報がそろい、各種の作業伝票を作成する準備が整うことになる。

　製作手配では、以下の帳票や図表2-4-2に示したような伝票などを用いて、管理部門から製造現場における各担当部門に対して生産指示を行う。

　・作業予定表（部品別・工程別のスケジュール）

　・生産に必要な資料——設計図、部品表、手順計画の手順表（工程表）

　それらの生産指示をした後に、各担当部門における業務の着手および完了、検査合格、調達した資材の入庫および出庫などをチェックして、それぞれの伝票の台帳をもとに管理する。

　なお、製作手配以降の業務は、現場作業に密着して処理が必要なため、工程管理の中心業務は製造現場に移ることになる。

3　作業手配（差立）

Ⅰ　作業手配の意義とねらい

図表2-4-2 ● 製作手配の業務内容と伝票

担当部門	帳 票	手配（伝達）内容
資材整備	材料要求表	資材の整備
倉 庫	出庫票	資材の払い出し
工程間	移動票	工程順序、作業順序に対応した資材の移動
現 場	作業票	作業内容、数量、予定
検 査	検査票	検査の依頼

出所：澤田善次郎編『工程管理』日刊工業新聞社、p. 164、1995年の一部に加筆

　作業手配は、特に小日程計画を製造現場で実施に移すために行われる統制である。つまり、現状の製造活動の進捗状況を考慮したうえで、個々の生産オーダの生産量達成や納期遵守をするために、第一線の現場管理者がみずから担当している職場の各作業者や各機械に対して、最終的に作業割当をして、そのための作業準備、作業指示、さらに作業指導をすることである。

　そこで、作業手配を差立（さしだて）ともいうが、差立は、狭義と広義の意味で解釈する場合がある。狭義の差立は、小日程計画を製造現場で実行可能な作業優先順序を決めることに焦点を当てて、作業割当と作業指示を指す場合である。広義の差立は、作業手配と同義にとらえて、作業準備、作業割当、作業指示、作業指導の4つの統制業務をすべて含める場合である。

Ⅱ　作業指示の情報とその方法

１）作業準備

　製作手配に基づいて、作業に必要な資材、治工具、設計図、作業標準書などを、作業開始前にそれぞれの職場や作業者の手元に、いつでも着手できるように事前に準備しておくことである。

２）作業割当

　個々の生産オーダまたは製造ロットごとの納期や必要工数に対して、現在の生産活動の進捗状況（後の進捗管理に関係する）や手持ち仕事量

（まだ予定の作業が終わっていない受注残はどれだけあるか）を考慮して、小日程計画で立案されたスケジュールが実現可能なように作業優先順序を決定して、個々の作業者や機械に仕事を割り当てることである。

３）作業指示

作業指示は、作業割当の結果として、各作業者に仕事や作業条件を具体的に指示することであり、そのために各種の伝票（作業票、出庫票、移動票、検査票）、個人別作業予定表、作業管理板（差立盤を含む）を組み合せて用いることがある。これらの帳票類は、作業指示のみでなく、事後処理とも関連して作業実績報告用の資料としても利用される。

なお、トヨタ生産方式におけるかんばん方式で用いられている生産指示かんばんや引取り（運搬指示）かんばんは、この作業票や移動票の変形と考えられる。

4 進捗管理

Ⅰ 進捗管理の意義とねらい

進捗管理は、進度管理または納期管理ともいわれ、生産統制の中では非常に重要な機能である。作業手配（差立）の目的が小日程計画で定めた作業着手時点の統制であるのに対して、進捗管理は作業終了時点の統制、つまり納期の確保を目的としている。さらに、納期に関係することから仕掛品の低減（製造現場のモノ（現品）の流れの円滑化）も目指している。

Ⅱ 進捗管理の情報と方法

１）進捗管理の手順

進捗管理の手順は、次の項目を経て行われる。

ア 進度分析

イ 進度判定

ウ 進度対策

エ 効果確認

　進度分析について、計画と実績との差異を確認しやすいように、たとえば、進度表や累積頻度グラフなどの視覚的な手段を用いる。進度判定では、判断基準を明確にするとともに、あらかじめ対策が必要とされる差異の範囲を設定しておく。進度対策では、緊急対策と恒久対策に分けて遅れや進みすぎに対処することが重要になる。効果確認については、たとえば生産調整会議または工程会議での対策効果の確認、あるいは対策によって生産計画を挽回できない場合には、計画を調整する必要も出てくる。

2）進捗管理の調査方法

　作業の進捗の調査方法は、従来、製造現場からの作業票や日報などの資料から作業実績報告をとり、現場管理者（職長、組長、班長など）がそれらの資料の集計や分析をする場合が多い。以下に、進度調査の方法を、個別生産と、連続生産およびロット生産の場合に分けて示す。

図表２-４-３ ● 流動数曲線を利用した進捗管理の例

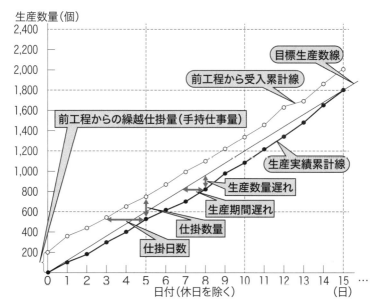

　ア　個別生産の進捗管理の調査方法
　　i　製品別あるいはオーダ別におのおのの現品がどの工程まで加工
　　　完了したかの進度調査——製造台帳を進度票として利用
　　ii　工程別の手持ち仕事（仕掛品の状況）の進度調査——差立盤、
　　　進度箱（カムアップシステム、カードケース）などの利用
　イ　連続生産およびロット生産の進捗管理の調査方法
　　・生産数量の進度の把握——連続生産では製品別・ライン別に、ロ
　　　ット生産では製品別・工程別に対応する生産数量の進捗を把握す
　　　る。たとえば、ガントチャート、製造三角図、流動数曲線（→図
　　　表2-4-3）などの利用

5　現品管理

Ⅰ　現品管理の意義とねらい

　現品には、原材料、部品や半製品（購買品や外注品）、工程間の仕掛品、製品がその対象に含まれる。さらに、棚卸の場合には棚卸資産全体が対象になることから、外注先に支給している場合の原材料・部品・金型・工具や、倉庫管理会社などへ委託している自社の製品在庫も含めることになる。

　現品管理の目的は、現品の所在と数量を常に把握し（何が、どこに、何個あるのか）、倉庫での保管、工場内での運搬、製造現場内での停滞（すなわち仕掛品）状態の管理を的確に行うことにある。したがって、工場内におけるモノ（現品）の流れをコントロールするために、適切な管理情報の流れを対応させることが、現品管理にとってポイントになる。

　なお、現品管理の難しさは、前述したように対象範囲が広いことに加えて、現品は工程から工程に移動しながら動的に変化する（形状・寸法・外観が変わり、ロットが分割されたり集合したりする）、また、廃却・紛失・返却・設計変更・不適合品などの発生などがあるためである。

Ⅱ　現品管理の情報と方法

現品管理の業務内容とその方法をまとめると次のようになる。

1）進捗管理の確実化

先に述べた進捗管理は、日程管理に重点を置いているほかに、生産数量が基礎になる。したがって、現品管理の強化は、進捗管理の確実化につながり、ないしは工程管理の第一歩といえる。

2）計数や保管の容易化

現品の数量チェック（計数管理）を容易にするために、標準容器の使用、標準荷姿の設定、現品の一時保管の際の置き方の統一を図る。

3）運搬や保管の容易化

現品の運搬・保管・仕分けなどの物流作業の簡易化・電子化・自動化を図る。バーコード管理システムや、自動マテリアルハンドリングシステムなどの利用。

4）過剰仕掛品の防止

現品管理を合理化するために、対象となっている現品自体を低減することを図る。つまり、過剰な原材料、部品、仕掛品、製品などの在庫を削減する。

5）現品の品質保証

現品の取り扱いや保管中に起こる現品の損傷防止や、品質劣化防止に努める。

6）現品の棚卸

現品の実際と帳簿上の数量の差異をチェックするために、棚卸をする。一斉棚卸（定期棚卸）と循環棚卸がある。

6 余力管理

I 余力管理の意義とねらい

余力とは、「能力と負荷との差である」（JIS Z 8141：2022-4103 注釈1）と定義される。すなわち、工程が保有している生産能力（保有工数）から、現状の仕事量（負荷工数）を差し引いて残った部分をいう。能力

不足（負の余力）では納期遅れとなり、反対に能力過剰（正の余力）では作業者や機械などの操業度が低下することになる。

　余力管理とは、「各工程又は個々の作業者について、現在の負荷状態と現有能力とを把握し、現在どれだけの余力又は不足があるかを検討し、作業の再配分を行って能力と負荷とを均衡させる活動」（JIS Z 8141：2022-4103）と定義される。余力管理では、生産能力に対して適切な余力を残しながら、小日程計画（あるいは中日程計画を含めて）の目標を達成するために、工数計画に対応した修正をして、余力調整をする。つまり、生産統制の段階での余力管理では、工数計画での予測を検証しつつ、予測を超えた部分について仕事の再配分を行い余力をバランスさせて、納期確保を図らなければならない。

　したがって、前述の進捗管理と並行して進められることになる。すなわち、進捗管理は作業を日程計画に対する進み遅れの調整という面から管理するのに対し、余力管理は作業を負荷と能力のバランスをとるという面から管理する。

Ⅱ　余力管理の情報と方法

　余力管理の手順とその方法を次に示す。

1）手持ち仕事量の把握による余力の算出

　現在ならびに今後やらなければならない仕事（手持ち仕事量）がどれだけあるかを把握することである。これは対象としている工程の作業票や仕掛品を調査することでわかる。この手段の例として、工数山積み表、ガントチャートに余力表を付記したものなどがある。

2）進遅作業の把握による余力の算出

　製品別・工程別の進度表から、予定に対して進みすぎ、遅れすぎの仕事を整理して、進遅の生産数量を明らかにする。

7　事後処理

Ⅰ　フィードバックの重要性（PDCAサイクルなど）

　製造現場における業務実施後には、事後処理活動として、後始末、不適合品や事故の処理、作業実績の資料管理などがある。

　工程管理を順調にし、生産をスムーズに進めようとするならば、生産計画を製造現場の実態に即して立てていくことが基本になる（Plan）。そのために、生産計画の善し悪しや、製造実施段階での生産統制の妥当性を、生産計画で目標とした達成率で評価してみることが重要になる（Do・Check）。

　そのためには、生産実績の記録管理をしておき、作業実績の結果を判定して、将来の計画に必要な対策を立てていくことが求められる（Act）。

　そこで資料管理においては、日々の生産実績を記録し、それを処理し、計画と実績の差異を評価して、必要に応じて対策を打ち、将来の計画にフィードバックする。そのために必要な資料をまとめるとともに、関係する必要な情報を各担当部門へ提供することが求められる。

Ⅱ　処理の記録と報告（QCDに関する情報）

　製造活動に関する生産実績を、QCDの視点から次のような生産性指標によって評価する。生産計画と生産統制をよりよいものにするためには、実施結果のフィードバック体制をつくっておくことが大切である。→図表2-4-4

① 　生産性は、製品がどれだけ効率的に生産されたかを示す指標であり、生産活動の結果として得られた産出量と、それを獲得するために費やした投入量との比率として表される。

② 　作業能率は、実績工数と標準工数との比率によって表される。

③ 　稼働率は、個人または作業グループあるいは個々の機械・設備または機械・設備群に対して、作業者や機械・設備が有効に利用されている程度を示す指標であり、総時間に対する実際稼働時間の比率で表す。

④ 　操業度は、工場全体の生産能力や設備能力の利用度合いを示す指標であり、標準生産量に対して実際の生産量の比率で表す。

⑤ 　歩留（ぶどまり）率は、資材の消費率の有効度を示すものである。

図表2-4-4 ●生産性測定指標の例

生産性	$原材料生産性=\dfrac{生産量}{資材使用量}$
	$設備生産性=\dfrac{生産量}{機械台数}$ または $\dfrac{生産量}{機械運転時間}$
	$労働生産性=\dfrac{生産量}{従業員数}$
作業能率	$作業能率=\dfrac{計画工数}{実績工数-除外工数}$ または $\dfrac{計画工数}{正味実績工数}$
稼働率	$稼働率=\dfrac{実働時間-非生産時間}{総実働時間}$ $=\dfrac{有効作業時間}{総労働時間}$
操業度	$操業度=\dfrac{実際生産量}{標準生産量}$
歩留率	$歩留率=\dfrac{製品量}{資材使用量}$
適合品率	$適合品率=\dfrac{適合品数}{検査数}$

出所：澤田善次郎編『工程管理』日刊工業新聞社、p. 188、1995年

　これは原材料を加工したときに、原材料の消費量に対する製品の出来高との比のことであり、検査した製品における適合品の割合をいう。
⑥　適合品とは、製品規格を満たしている製品のことである。つまり適合品率は、完成した製品のうち、適合品として判定された製品の割合を示す。
　最終的には、資材費、直接および間接の労務費、固定製造費（機械・

設備・機器など）、変動製造費（電気代、燃料代など）、それに間接費な
どを含めた実績原価を把握して、実績原価計算を実施する。その際、製
品開発プロセスにおける製品価格の決定や事業計画を立案するときに求
めた原価企画や、生産計画段階で求めた標準原価などと、その実績原価
を対比して、総合的に工場運営や経営成果を評価する。

第2章 理解度チェック

次の設問に、○×で解答しなさい（解答・解説は後段参照）。

1
工程管理の考え方について示した次の説明に解答しなさい。
① 工程管理の目的は、顧客の満足を得るためのQCDの中で、納期に関連した「時間管理」に焦点を置いている。
② 生産期間が受注期間より長い場合には、生産期間を短縮するか、先行手配をする必要がある。
③ 工程管理について「時間」に関連している諸管理業務には、日程計画、進捗管理、そして作業手配がある。

2
生産形態の分類について示した次の説明に解答しなさい。
① 受注生産では、顧客を逃さないために、素材をあらかじめ購入し、受注前に計画的に生産し、在庫品として蓄えておき、注文に応じて出荷するものである。
② 少種多量生産の生産形態は、見込生産方式および連続生産方式と類似した特性をもち、この代表的な例はコンベヤラインを用いた流れ生産方式である。

3
日程計画に関する次の記述のうち、誤っているものはどれか。
① 工数の単位は、一般に人・日や人・時などのように、人数と時間の積で示される。
② 日程計画は、生産量と生産時期に関する計画である。
③ ディスパッチング法は、計画期間内のすべての仕事に対して決められた順序をつけていく方法である。

4
小日程計画で定めた作業の開始・終了に関し、作業手配（差立）の目的は作業の開始日程の統制であり、進捗管理の目的は作業完了日程の統制である。

第2章　理解度チェック

解答・解説

1
① ○
工程管理は、「納期の遵守と生産期間の短縮」および「必要な生産数量の確保」を主要な目的に置いている。
② ○
生産期間が受注期間（受注納期）より長い場合には、受注してから生産に着手したのでは、納期までに製品を完成できない。この場合は、生産期間を短縮するか、先行手配（見込調達や見込生産）をする必要がある。
③ ○
「時間」に関連しているのは、生産計画の諸管理業務の中で日程計画や進捗管理である。一方、生産統制の諸管理業務の中で作業手配（差立）である。

2
① ×
これは見込生産の説明である。
② ○
少種多量生産の生産形態は、ライン生産に適しており、高い生産性、多量で低コスト、高品質の製品の生産を目指している。

3
③
ディスパッチング法は、1つの仕事を終了したときに、その時点で加工待ちにある仕事群の中から、決められたルールに従い、1つの仕事を選んで決定していく方法である。

4
○

━━━━━━━━━━━━━━ ▌ 参考文献 ▐ ━━━━━━━━━━━━━━

工程管理ハンドブック編集委員会編『工程管理ハンドブック』日刊工業新聞社、
　　1992年

澤田善次郎編『工程管理』日刊工業新聞社、1995年

武岡一成『特級技能士合格講座』日本マンパワー

玉木欽也『戦略的生産システム』白桃書房、1996年

辻正重『改訂新版　経営工学総論』放送大学教育振興会、2004年

並木高矣『工程管理の実際〔第4版〕』日刊工業新聞社、1982年

日本経営工学会編『生産管理用語辞典』日本規格協会、2002年

日本産業規格：JIS Z 8141：2022『生産管理用語』、2022年

日本マンパワー編『中小企業診断士受験講座　生産管理』日本マンパワー

藤本隆宏『生産・技術システム』八千代出版、2003年

山崎榮・武岡一成『運営管理－生産管理』評言社、2001年

渡邉一衛『納期管理基礎コース』PHP研究所

設備管理基礎

この章のねらい

　第3章では設備管理の基礎として、第1節で設備管理の意義や構成について確認した後、第2節で設備保全の概要について内容を理解する。設備保全の目的、生産保全、事後保全と予防保全、日常保全、設備総合効率、自主管理活動などである。第3節では設備の劣化はどのようにして起こるのか、またその対策などについて学ぶ。最後に第4節で検査や保全の記録等についても触れる。

第 1 節 **設備管理の考え方**

学習のポイント

◆設備の構成、現代の設備の役割について理解する。

◆設備管理の領域と機能について把握し、さらに設備の基本的な管理特性について理解する。

◆設備を維持管理する場合、自分で使う設備は自分で守る、という意識で取り組む自主保全が重要である。

◆アメリカの技師ハインリッヒ（H. W. Heinrich）が発表した法則は、重大災害を１件とすると、軽傷の事故は29件、無傷災害は300件発生しているというものである。

◆設備のライフサイクルは設備投資計画段階から始まって、設計段階、建設・設置段階、運転・保全段階を経て最終的に更新・廃棄段階に至る過程であることを理解する。

1 設備管理の意義

（1）設備の定義とその役割

Ⅰ　設備の定義

　設備（facilities、equipment）とは、「生産活動又はサービス提供活動のためのシステムを構成する能力要素としての物的手段の総称」（JIS Z 8141：2022-6101）と定義される。設備は、建物や機械・装置のような有形固定資産である。有形固定資産で企業に用益を提供するものは以下のように分類される。

　①　土地

② 建物

③ 構築物

④ 機械および装置

⑤ 車両運搬具

⑥ 船舶

⑦ 工具および備品

　土地は企業活動が行われる場を提供するもので、整地・清掃・手入れなどの管理が発生するため、ここでは設備の範囲に入れている。

　設備を使途目的別に分類すると、

① 土地および建物とその基礎

② 建物付帯設備・ユーティリティ設備

③ 生産設備

④ 運搬および輸送機械・設備

⑤ 事務用機械・設備

などに分類される。

Ⅱ　設備の構成

　次に設備の構成について見てみよう。製造現場では多くの設備が設置されており、そこに原材料が投入され、加工されて半製品や製品が生産されていく。

　設備の構成は、図解すると図表3-1-1のように表すことができる。このように設備はたくさんの部品から構成されているため、一部でも損傷すると設備全体としての本来の機能が果たせなくなる。

Ⅲ　設備の役割

　現在、設備は自動化・高性能化・高速化が進み、その結果、設備によって製品の生産量・品質・コストなど生産性や収益性が大きく左右される。そこで各企業は、設備の合理化を競っており、そのためには巨額な設備投資が必要になり、その回収には設備のフル操業が要求される。また、設備の高性能化に伴い、その性能を維持するために高度な技術と多額な保全費が必要になり、これらを的確に遂行しなければ、他社に追い

図表3-1-1 ●設備の構成

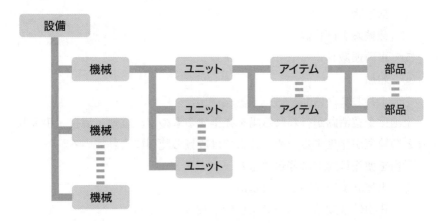

　抜かれたり、目標の収益が上げられないため、場合によっては企業の命
取りにもなりかねない。

（2）設備高度化、高生産化と設備保全

　生産設備の高度化は技術革新とともに著しく進展している。たとえば
鉄鋼業においては、熱延コイルを製造するときに、従来であれば、転炉
→スラブ→加熱炉→熱延ラインへと流れていたものが、転炉→連続鋳造
ライン→熱延ラインといったように、連続してモノが流れるようになっ
てきている。これにより大幅な省エネルギー、リードタイムの短縮、コ
ストダウン等が図られている。

　要するに設備が大型化・連続化する、あるいは小型化・精密化し、加
えて情報技術（Information Technology：IT）が埋め込まれ、コンピ
ュータ・コントロールなどが付加される。このような高度化が至るとこ
ろでなされているといってよい。これらによって生産能力も高まり、品
質向上にもつながる。

　一方で、設備投資額は高額化し、設備の保全もより高度化・複雑化す
る。保全の方法も旧来の部品の取り替えのような方法から、コントロー

ラ一式を取り替えるといったユニット型が増えるなどの変化が出てきている。

（3）自主保全、設備診断の必要性

　品質管理の考え方の中に品質の作り込みがある。"自分のラインはモノを作る工程、検査は後の工程ですること"という考え方であると、不適合品をたれ流すことにつながりかねない。"次工程に不適合品を流さない、当工程では適合品をのみ生産する"という意識で生産を行うと、品質もアップする。こういう取り組みの考え方を総称して品質の作り込みと呼んでいる。

　設備を維持管理する場合も同様である。設備の保全は保全部門の人たちのすること、と人任せの考えではなく、"機械に異音がする、潤滑油が不足しているのであろうか"など、日ごろ設備を運転している担当者は設備の微小な異常もキャッチしやすいはずである。このように自分で使う設備は自分で守る、という意識で取り組むと設備異常も早期に発見して、早期にメンテナンスを施すことができる。これを自主保全と呼ぶ。なお、そのときには基本的な設備診断の知識が必要である。もちろん、複雑な原因によるものと思われるものは専門部隊に相談し、ゆだねる必要があるが、日常点検等は行える。つまり、自主保全基準を設けて常に自主点検をしていくことが重要である。

（4）設備災害の防止

　事故や災害の発生が新聞やテレビで報道されている。しかし、そういった表に現れない微小事故や災害はもっと多いと予想される。現代の工場では、生産の現場に産業用ロボットや無人搬送車などが導入され、無人運転の機械や設備が増加しているので、これらの機械のセンサーや制御機構に不具合や故障が生じると、予期しない災害が発生する可能性がある。

　ハインリッヒが発表した法則は、重大災害を1件とすると、軽傷の事

故は29件、無傷災害は300件発生しているという経験則である。これを「1：29：300」の比率でよく言い表されている。

　300件の無傷災害はヒヤリとしたり、ハッとしたりしたものであり、これはヒヤリ・ハットと呼ばれている。ヒヤリ・ハットまでいかない、みずから気づかなかった不安全行動や不安全状態はさらに多いわけで、300件の部分でもまだ氷山の一角といえる。

2　設備管理の構成

　設備管理（equipment management、plant engineering）とは、「設備ライフサイクルにおいて、設備を効率的に活用するための管理。注釈1　計画には、投資、開発・設計、配置、更新・補充についての検討、調達仕様の決定などが含まれる」（JIS Z 8141：2022-6102）と定義される。また、設備ライフサイクル（equipment life cyde）とは、「設備の計画、設計、製作、調達・運用、及び保全を経て、廃却又は再利用までを含めた全ての段階及び期間。注釈1　設備のライフサイクルを通じての経済性の管理を行うことをライフサイクル管理という。ライフサイクル全体を通して必要なコストをライフサイクルコストという」（JIS Z 8141：2022-6112）と定義される。

（1）設備ライフサイクル

　図表3-1-2は、設備ライフサイクルを示している。これを基本的な設備管理活動を中心に分類すると、企業方針に基づいて調査・研究し、評価して選択する設備投資計画の段階、設備を設計し、製作・設置する建設段階、その設備を運転し、その性能を維持・保全していく操業（設備保全）段階の3つの過程に大別される。つまり設備管理では、この設備の一生涯について設備を有効に活用し、企業の生産性を高めようとしている。

　設備計画と建設の過程は、いわば設備の生まれるまでの段階であり、設置後の生産性の向上を予測し、より少ない投資で、より多くの収益を

図表3-1-2 ● 設備ライフサイクル

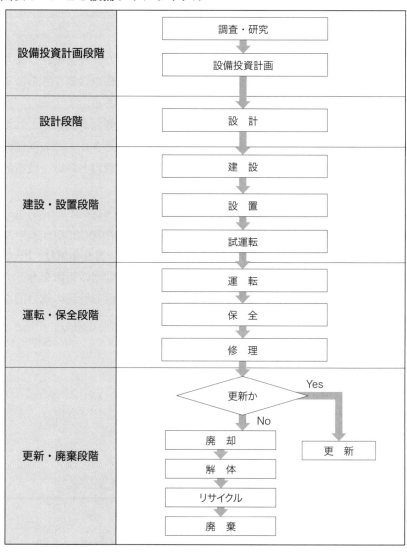

生み出すよう計画・建設することになる。設備保全段階では、設備を適正な状態でフルに活用し、より少ない保全費で、より多くの製品を生産

するように管理する。

（2）設備管理の領域

　設備管理には、生産性や経済性の向上を目標とした管理活動、つまり設備の経済的側面と、優れた設備の選定や設計、製作や設置、さらにその性能を適正な状態で維持していく技術的側面とがある。

　設備管理の目標達成は、この経済的側面と技術的側面が調和のとれた活動を行って初めて可能になる。設備管理を考えるときは、この両側面から検討するが、設備管理では、経済的側面を価値管理といい、技術的側面を性能管理という。

　また、設備投資計画と建設段階を合わせてPE（Project Engineering）といい、設備保全段階をPM（Productive Maintenance）という。

　図表3-1-3は、設備管理の領域を示している。つまり領域は、PEとPMに大別され、さらにそれぞれが価値管理と性能管理の側面をもっており、これらが効果的に結合し、運用されて初めて設備管理の総合的な活動となる。

図表3-1-3 ● 設備管理の領域

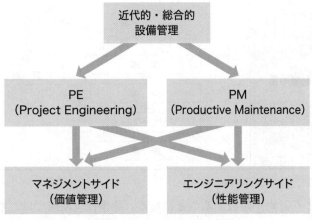

出所：中嶋清一『設備と工具管理』日刊工業新聞社

（3）設備管理の機能

図表3-1-4は、設備管理の基本的な機能の一例を示している。ここでは、PEを建設過程、PMを保全過程と呼ぶと、建設過程の技術的側面の基本的な機能としては、設備の調査・研究、設備計画（設備投資計画、設備投資効果測定、レイアウトなど）、設備設計、建設工事および管理などが挙げられる。経済的側面では、設備予算編成および統制、監査などがある。

保全過程では、設備保全の組織や保全制度、工事管理制度の確立、保全教育訓練などが行われ、それに基づいて技術的側面では、保全標準設

図表3-1-4 ● 設備管理の機能

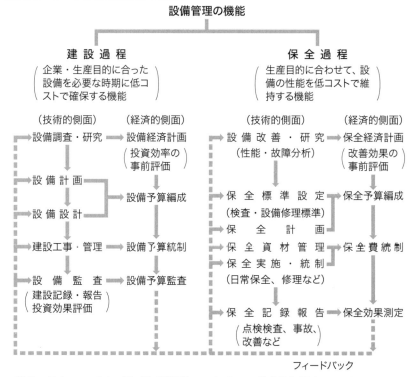

出所：日本マンパワー編『生産管理　スタディ・ガイド』日本マンパワー

定（検査・整備・修理標準）、保全計画、保全資材管理、保全実施、設備改善・更新、記録・統計・報告などが行われる。経済的側面では、保全経済計画、保全予算編成、保全費統制などが挙げられる。日常は、点検検査、日常保全（注油、掃除、調整、部品取り替え）、修理などが行われる。

設備管理は、一部門でできるものではなく、機能的に技術や製造、企画、財務、生産技術、労務、購買部門など全社的な関連をもっており、これらの部門との有機的な結合がない限り円滑な運営は不可能である。

（4）設備の管理特性

設備は設備投資を伴うものであるから、企業収益に貢献するものでなければならない。投資に際しては投資採算性を満たし、実稼働に際しては、それらが十分所期の機能を発揮して生産性の向上に寄与できなければならない。そのためには設備の経済性と信頼性、保全性が重要な管理特性となる。これらの関係を図表3-1-5に示す。

図表3-1-5 ● 設備の管理特性

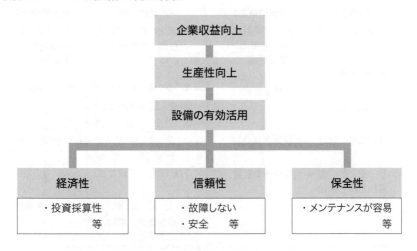

Column コーヒーブレイク

《航空機業界も導入したヒヤリ・ハット》

　製造現場でのQC活動等で生み出されたヒヤリ・ハット活動は、安全確保のた
めには欠かせないものである。だれしも"ヒヤリ"としたり、"ハッ"としたりし
た経験があろう。これは製造現場内にとどまらず、危うく交通事故に遭いかけた、
家の中で階段からころげ落ちそうになった、など至るところで遭遇する。

　航空機業界も、その特性上最も安全に対して厳格でなければならない業界であ
る。機長や副操縦士が、飛行中他機とニアミスしそうになってヒヤリとしたとか、
着陸時進入経路を間違いそうになって"ハッ"としたとかを各人が申告し、問題
を共有して対策にあたっている。こういう動きは、すべての業界に広がってほし
いものである。

第 2 節　設備保全

◆設備保全の目的には、高生産性の保持、設備の長寿命化、安全性の確保、生産物の高品質の保持、省資源・省エネルギー、経済性への効果、などがある。

◆生産保全（Productive Maintenance：PM）とは、設備ライフサイクル（開発－運用－保全－廃棄）にわたるトータルコスト（初期投資、運転費、保全費、廃棄費）を最小限にして、設備の生産性を高めようとするものである。そのための手段として、事後保全（Breakdown Maintenance：BM）、予防保全（Preventive Maintenance：PM）、改良保全（Corrective Maintenance：CM）、保全予防（Maintenance Prevention：MP）等の方法がある。

◆保全の具体的な方法について、予防保全では時間計画保全（定期保全、経時保全）と状態監視保全を、事後保全では通常事後保全と緊急保全を理解する。

◆日常保全は製造担当者が当たるのが一般的である。日常保全の主な項目としては、設備の点検・整備、調整作業、部品取り替え作業、注油作業、保全部内への通報、整理・整頓・清掃、等がある。

◆設備総合効率を考えるうえで、①時間稼働率、②性能稼働率、③適合品率、の3つの視点から分析する必要がある。

1 設備保全の目的

　設備は、いつでも所期の機能が発揮できるように保全されなければならない。保全が適正になされれば、設備は所期の機能をフルに発揮することができ、適正な設備改善がなされれば、さらに高い生産性をも発揮しうる。また、適正な保全により安全に設備を運転することができる。生産物は不適合品を出すのを最小限にとどめることができる。潤滑油が適正に注入されていないと磨耗・抵抗が大きくなり、設備損傷・エネルギーの損失につながる。設備保全が省資源や省エネルギーにつながっている。さらに、省エネルギーに向けての設備改善もよくなされているところである。適正な保全による経済性への効果は非常に大きいものである。

　設備保全は工場におけるさまざまな機能の中でも重要なものの1つであるといえる。設備保全の目的は、主に次の項目が挙げられる。

① 高生産性の保持
② 設備の長寿命化
③ 安全性の確保
④ 生産物の高品質の保持
⑤ 省資源・省エネルギー
⑥ 経済性への効果

2 生産保全

(1) ライフサイクルコスト

　生産保全 (Productive Maintenance：PM) とは、「生産目的に合致した保全を経営的視点から実施する、設備の性能を最大に発揮させるための最も経済的な保全方式」(JIS Z 8141：2022-6203) と定義される。すなわち、生産保全は、設備ライフサイクル (開発 − 運用 − 保全 − 廃棄) にわたるトータルコスト (初期投資、運転費、保全費、廃棄費) を最小限にして、設備の生産性を高めようとするものである。このトータルコス

トは、ライフサイクルコストと呼ばれる。

LOC（Life Cycle Costing）は、ライフサイクルコストを分析して最適な経済条件を求めようとする意思決定方法である。

LOCの手順は以下のとおりである。

① 対象とする系の目的を定量的に把握する

② その目的を達成する代替案を複数挙げる

③ 系の評価項目と定量化方法を明確にする

④ 代替案を評価する

⑤ ①〜④の過程で再検討等が必要になった場合、①〜④を繰り返し、最終的に最適な案を練り上げる

LOCを考える中でも最初の設備投資の判断の段階は非常に重要である。そこでは、

・長期にわたり、必要量を継続生産できること

・初期投資、およびランニングコストを含め回収し、収益を上げられる内容であること

などが重要なポイントといえる。

（2）設備保全の方法

生産保全は、保全の目的を明確にし、設備の一生涯にわたって、設備自体のコスト、運転維持の費用、設備の劣化損失の合計を引き下げて、生産性の向上を図ろうとするものである。つまり、最も経済的に保全を進めようとするものである。

図表3-2-1は、生産保全の考え方として生産保全とその手段の関係を示したもので、これらの手段のうちから最も効率のよい経済的な手段を選択することになる。なお、設備保全は、事後保全→予防保全→生産保全→改良保全→保全予防と発展してきたといえる。

Ⅰ　事後保全

事後保全（Breakdown Maintenance：BM、なおJIS Z 8141：2022ではCorrective Maintenance）とは、「フォールト検出後、アイテムを要求ど

図表3-2-1 ●生産保全の考え方

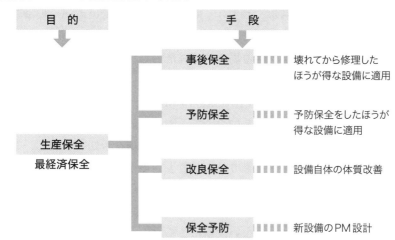

目　的　　　　　　　　手　段

事後保全　　壊れてから修理した
　　　　　　ほうが得な設備に適用

予防保全　　予防保全をしたほうが
　　　　　　得な設備に適用

生産保全　　改良保全　　設備自体の体質改善
最経済保全

保全予防　　新設備のPM設計

出所：中嶋清一『設備と工具管理』日刊工業新聞社を一部順序変更

おりの実行状態に修復させるために行う保全」（JIS Z 8141：2022-6204）と定義される。フォールト（fault）は、故障状態ともいい、アイテム内部の状態に起因して、（アイテムが）要求どおりに実行できない状態を指している。これは設備が故障してから行う保全であり、故障してから修理したほうが経済的な場合に適用され、一刻も早く生産に復帰させることが重要な課題になる。

Ⅱ　予防保全

予防保全（Preventive Maintenance：PM）とは、「アイテムの劣化の影響を緩和し、かつ、故障の発生確率を低減するために行う保全」（JIS Z 8141：2022-6205）と定義される。予防保全では、定期的な点検と劣化部位の事前取り替えを行うもので、費用がかかるが、設備の機能低下や機能停止などによる損失のほうが大きい場合には経済的である。

Ⅲ　改良保全

改良保全（Corrective Maintenance：CM）とは、「故障が起こりにくい設備への改善、又は性能向上を目的とした保全活動」（JIS Z 8141：2022

-6206）と定義される。改良保全は、保全面に重点を置いて設備自体の体質改善を行うことである。つまり、寿命の長い、故障のない、保全手数のかからない原材料や部品による改造や更新で、体質改善の費用よりも劣化損失や保全費用がかかる場合には経済的である。

Ⅳ　保全予防

　保全予防（Maintenance Prevention：MP）とは、「設備、系、ユニット、アッセンブリ、部品などについて、計画・設計段階から過去の保全実績又は情報を用いて不良及び故障に関する事項を予知・予測し、これらを排除するための対策を織り込む活動」（JIS Z 8141：2022-6207）と定義される。保全予防は、設備の設計や製作段階で保全活動の不要な、または少なくて済むような設備をつくることである。つまり、故障の起こらない、保全費のかからない設備にしておくことが、新設備の生産保全設計といえる。

Ⅴ　予知保全

　予知保全（Predictive Maintenance：Pd. M）とは、「設備の劣化傾向を設備診断技術などによって管理し、故障に至る前の最適な時期に最善の対策を行う予防保全の方法」（JIS Z 8141：2022-6209）と定義される。予知保全では、設備の状態に応じて保全の時期を決める。これは故障の兆候を直前にキャッチし、タイムリーに修理をしようとするもので、最も効果的であるが、これには正確で、経済的な設備診断技術や測定装置が必要となる。

3　事後保全と予防保全

（1）事後保全と予防保全の意義、目的

　家庭等でよく見かけるのは故障してから部品等を取り替えるスタイルである。電球の取り替えなどがその典型例である。

　事後保全は、先述したように設備が故障してから保全することを指す。他の生産等にあまり影響がない場合はこれでよいともいえる。寿命いっ

ぱいに稼働させているので、むしろそのほうが効率的ともいえるが、生産現場ではそういうものばかりではなく、たとえば高速回転体で部品が破損して設備を破壊する、あるいは原材料がスクラップになる、重大事故を起こすというケースが生じたりする。また、上流工程での重要設備が突発的に故障して動かなくなると下流工程への原材料の供給がストップしてしまい、下流工程のラインがストップして工場全体として大変な損害を被るというケースもある。

　こういったケースでは、定期的に点検を行い、修理を行う、あるいはコンピュータ等を用いて常時監視し、異常の兆候が現れると故障に至る前に事前に部品等を取り替えるなどの保全を行う必要がある。これが予防保全である。

　図表3-2-2は、保全の分類（JIS Z 8115：2019-192-06-01　注記1）を示している。なお、予防保全の方法の時間計画保全と状態基準保全（Condition Based Maintenance：CBM）を時間基準保全（Time Based Maintenance：TBM）と状態監視保全とする分け方もある。

図表3-2-2 ● 保全の分類（JIS Z 8115：2019-192-06-01　注記1）

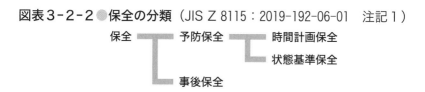

（2）予防保全

　予防保全とは、先述したように故障はまだしていないが事前に保全する方法で、これには時間計画保全と状態監視保全などがある。時間計画保全（scheduled maintenance、planned maintenance）とは、計画保全ともいい、「規定した時間計画に従って実行される保全」（JIS Z 8115：2019-192-06-12）と定義される。大工場では年に1度の大規模な定期修理期間を設けるケースも多い。

　なお、定期保全とは、「予定の時間間隔で行う予防保全」（JIS Z 8115：

2019-192J-06-104）と定義される。一般に比較的安価なユニットを定期的に一斉に保全・交換する活動である。また、経時保全とは、「アイテムが予定の累積動作時間に達したとき、行う予防保全」(JIS Z 8115：2019-192J-06-105）と定義され、個別に、ある一定の時間まで動作をしたら取り替える活動である。

　一方、状態基準保全とは、状態監視保全ともいい、「物理的状態の評価に基づく予防保全」(JIS Z 8115：2019-192-06-07）と定義される。状態基準保全では、使用中の動作状態の確認、劣化傾向の検出、故障や欠点の位置の確認、故障に至る記録および追跡などを目的として、連続的・定期的・間接的に状態を監視し、それに基づく予防保全を行う活動であり、具体的には次のような場合がある。

　定期的に部品を取り替えた場合、部品があまり劣化していないにもかかわらず、故障が発生することがある。機械の設置直後や保全直後は初期故障の確率が高くなっているので、保全をしなければいままでどおり順調に稼働していたのに、保全をしたためにかえって故障が発生しやすくなるというリスクをもあわせもつ。したがって、できるだけ部品の限度いっぱいまで稼働させ、異常の初期兆候が現れた段階で保全を行う、というのが最も効率的な保全といえる。ただそのためには、センサー類を付けてコンピュータを用いて常時監視するなどの必要があり、重要設備などにはこの方式がとられることが多い。

（3）事後保全

　事後保全は、先述したように設備が故障した後、保全を行う方式であり、通常事後保全と緊急保全がある。

　前後工程に大きな影響を及ぼすような重要な設備については予防保全の対象であるが、これが故障してしまった場合の保全を、緊急保全と呼ぶ。たとえば鉄鋼業の継目無鋼管工場において、精整ラインの熱処理炉におけるパイプ搬送ラインが故障したとする。その場合は前後工程がストップしてしまうので緊急保全を行うことになる。

また、当初から事後保全対象設備として設定していた設備が故障して保全する場合は、通常事後保全と呼ぶ。前記の工場の例でいえば、たとえば捻切機は複数台あるので、そのうち1台が停止しても前後工程にさほど大きな影響を及ぼさない。こういった場合は、対象設備が故障した後に保全する通常事後保全の方法で対応する。

4 日常保全

(1) 点検・整備のポイント

日常点検には、次に示す点検活動がある。

① 設備を見て異常がないかどうか点検する
② 回転音等を聴いて異常がないかどうか点検する
③ ゴムの焦げた臭い、ガスが漏れた臭い等異臭がしないかどうか点検する
④ 点検ハンマー等を用いて異音がしないかどうか点検する

また、日常保全は、清掃・注油等劣化を復元する活動である。日常保全は、製造担当者が当たるのが一般的である。日常保全の主な作業内容とそのポイントを以下に示す。

① 設備の点検・整備
始業時、終業時、ロットの切替時などに行う。
点検・整備する対象箇所や方法については点検・整備標準書を作成しておく。
② 調整作業
機械の調整作業をロット投入時等、必要時に行う。
③ 部品取替作業
部品の取替作業を段取替時や摩耗進行時等、必要時に行う。
④ 注油作業
作業中の必要時に行う。
⑤ 保全部内への通報

設備異常の兆候が現れたら、作業標準規程等に基づき保全部門へ通報する。

⑥　整理・整頓・清掃

これは5Sと呼ばれ、整理・整頓・清掃・清潔・躾（しつけ）を指す。詳しくは第1章第5節を参照されたい。

（2）保全員との協力体制

製造担当者は作る人、保全担当者は保全する人という割り切り方では、設備が常にいい状態で保たれた良好な生産体制とはならない。製造担当者は常日ごろ、設備を動かしているので、ちょっとした異常の傾向も把握しやすいし、注油作業等日常運転時でいちいち保全担当者に頼らなくもできる、また保全担当者のすべき仕事も多いからである。ただ、製造担当者は保全のプロというわけではないので、保全を要する事項については専門の保全担当者に依頼しなければならない。そこで、両者の業務の分担をどうするのかが重要なポイントとなる。そのために、設備性能標準に基づく明確な運転作業標準と設備保全標準とを規定しておく必要がある。

たとえば運転上必要な注油作業等は、運転作業者の仕事であり、設備に異常の兆候が現れ、製造担当者からの通報を受け、精密診断等を実施するのは保全担当者の役割である。

基本的な考え方として、設備の性能標準を維持するのは保全部門の責任であり、作業標準を維持するのは運転作業者の責任である。しかし、場合により影響度、作業の難易性、コスト等で当事者間で相談して担当区分を決めるのがよい。

5　設備総合効率

（1）設備総合効率の考え方

設備を稼働させるうえで、実際にモノを加工する以外の時間をいかに

図表3-2-3 ● 各種ロスと稼働時間

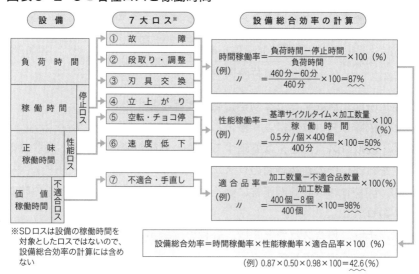

出所：日本プラントメンテナンス協会編『TPM設備管理用語辞典』日本プラント
　　　メンテナンス協会をもとに一部修正

減らすかがポイントとなる。このロスとなる時間を分析してみると図表
3-2-3のようになる。

　設備総合効率を考えるうえでは、
　①　時間稼働率──停止ロスを反映するもの
　②　性能稼働率──性能ロスを反映するもの
　③　適合品率──不適合ロスを反映するもの
の3つの視点から分析する必要がある。

　設備総合効率は上記3点のロスを定量評価するもので、この3つの積
によって算出する。すなわち、

　　　設備総合効率＝時間稼働率×性能稼働率×適合品率×100（%）

となる。

　おのおのの項目の具体的計算方法については次項に示す。

（2）設備総合効率の計算

時間稼働率は、次式により求められる。

$$時間稼働率 = \frac{負荷時間 - 停止時間}{負荷時間} \times 100 \quad (\%)$$

停止時間を構成する主な効率化阻害要因としてのロスは、

① 故障ロス（故障により停止しているロス）

② 段取ロス（たとえば処理する対象の外径が変わるとき、段取替えを行う、その切替時間のロス）

③ 調整ロス（設備が正常に動くように各種調整を行うが、その時間のロス）

④ チョコ停ロス（たとえば、資材の供給が途切れるなどして設備が停止するなどのロス）

の各要素からなっており、たとえば品種切替時、段取替時間が標準で30分のところを40分かかると、それだけ段取ロスとなる。

性能稼働率は、次式により求められる。

$$
性能稼働率 = \frac{基準サイクルタイム \times 加工数量}{稼働時間} \times 100
$$

$$
= \frac{加工数量 \times 実際サイクルタイム}{稼働時間} \times \frac{基準サイクルタイム}{実際サイクルタイム} \times 100 \, (\%)
$$

標準スピードを下回っての稼働となると、それは性能ロスに関するものであり、たとえば搬送速度から標準で1.5 m／分のところを1 m／分となった場合、性能ロスとなる。逆に2 m／分とすれば性能稼働率を向上させることができる。

適合品率は、次式により求められる。

$$
適合品率 = \frac{加工数量 - 不適合品数量}{加工数量} = \frac{適合品数量}{加工数量} \times 100 \, (\%)
$$

この反対は不適合ロスに関するもので、寸法不適合を従来の１％から0.5％に低減するなどで適合品率を向上させることができる。

6 自主管理活動

（1）TPMの意義とねらい

TPM（Total Productive Maintenance）は、総合的生産保全ともいい、（公社）日本プラントメンテナンス協会は図表3-2-4のように定義している。

たとえば、職場でTPMサークルが複数組織化され、班長がリーダーであるとすると、班長は係別分科会という組織のメンバーになっており、そこのリーダーは係長が務める。係長は課別TPM委員会のメンバーであり、課長がそのリーダーを務める。このように、各段階で小集団が組織化され、そのリーダーが上位小集団のメンバーとなっている。このような小集団を重複小集団と呼び、情報連携が縦・横にスムーズになされるようになっている。TPMの特色の１つとしてこの組織づくりがポイントとなる。

図表3-2-4 ● TPMの定義（日本プラントメンテナンス協会）

```
TPMとは、
 １）生産システム効率化の極限追求（総合的効率化）をする企業体質づくりを
    目標にして
 ２）生産システムのライフサイクル全体を対象とした"災害ゼロ・不良ゼロ・
    故障ゼロ"など、あらゆるロスを未然防止する仕組みを現場現物で構築し
 ３）生産部門をはじめ、開発・営業・管理などのあらゆる部門にわたって
 ４）トップから第一線従業員にいたるまで全員が参加し
 ５）重複小集団活動により、ロス・ゼロを達成すること
を言う
```

（2）TPM活動のステップ

TPM活動のステップを図表3-2-5に示す。

図表3-2-5 ● TPM活動のステップ

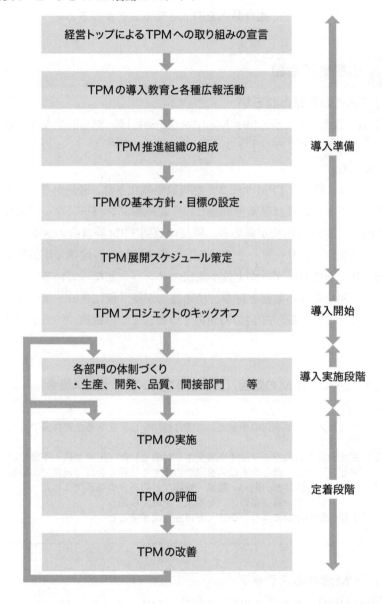

図表３−２−６●TPM展開の８本柱

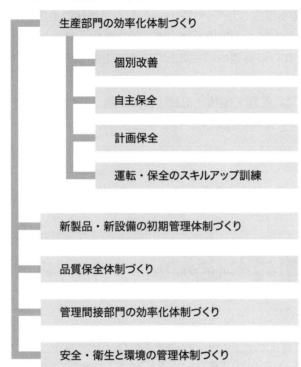

生産部門の効率化体制づくり

個別改善

自主保全

計画保全

運転・保全のスキルアップ訓練

新製品・新設備の初期管理体制づくり

品質保全体制づくり

管理間接部門の効率化体制づくり

安全・衛生と環境の管理体制づくり

　この中の導入実施段階における各部門の体制づくりは特に重要で、TPM展開の８本柱と呼ばれている。→図表３−２−６

（3）TPM活動と５Ｓ

　TPMは製造部門では製造担当者がそれを担う。そこでは自主保全が重要となる。自主保全は、

① 　自主保全基準の作成
② 　標準化
③ 　自主点検
④ 　５Ｓ活動

などが重要なポイントとなる。

　TPMの基本理念として、①生産システム効率化の追求、②ロスの未然防止、③全員参加、④現場現物主義、⑤自動化・無人化、が挙げられるが、特にそれらの共通のベースとなるものとして5S活動が位置づけられる。

　5S活動は、整理・整頓・清掃・清潔・躾（しつけ）を行う活動を指す。5Sについては第1章第5節を参照されたい。

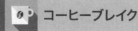

Column　コーヒーブレイク

《設備異常探知》

　企業に勤めていたころ、小型減速機などを用いて実験しながら設備異常検知の技術開発を行っていた。Kurtosisは確率密度関数の4次モーメントを正規化したものである。感度のいい指標であり、系が正常時3.0、異常になるとその値が上がっていく。ところが実験をしていると傷が拡大していき、上昇していたその値がいったん下がり、再び上昇するという結果となった。よく見ると他の文献も同じ傾向が出ている。これは傷が馴染んでくるためであろうと当時は解釈していた。

　大学に移って時系列解析の研究をほぼ20年ぶりに再開し、今度は異なった視点で分析した。系の異常が進展すると衝撃波が1本のピーク型から三角形型に拡がるので、これを簡単な三角形のモデルで近似してその挙動を分析してみた。そうすると、ピークの上がり具合と三角形の裾の拡がり具合との組み合わせで、なんと上記現象が再現したのである。傷が馴染んでも、あるいはそうでなくても構造的に発生しうる現象だったのである。これには小躍りする思いであった。モデル化しているのでいろいろな形で分析・検証することができる。問題をしばらく放置して寝かせておくと、いい解決策が出てくることがあるが、寝かせるスパンとしては、これはすこぶる長大ものといえる。

↑

第 **3** 節 | **設備の劣化**

学習のポイント

◆性能劣化曲線と相対的劣化、絶対的劣化の関係や、設備劣化
の原因と劣化による損失を把握し、設備劣化の原因別に保全
方法や劣化防止策を理解する。
◆バスタブ曲線と初期故障期、偶発故障期（有用寿命）、摩耗
故障期の関係を把握し、各期間の保全体制を理解する。

1 設備劣化の原因と対策

（1）設備劣化の進み方

　図表3-3-1のように、設備は使用したり、時間が経過するにつれて、
摩耗したり、腐食などにより劣化が進展する。こうして、設備の性能が
劣化する。設備の劣化の分類として絶対的劣化と相対的劣化がある。前
者は時間の経過とともに設備が老朽化してその性能が劣化していくこと
を指す。後者はたとえば新型設備が出現したために現行設備が旧式とな
るようなケースを指す。その絶対的劣化をより詳しく見ることにしよう。
　さらに、設備性能劣化を分類すると図表3-3-2のようになる。
　減耗は摩耗や腐食などによって生ずる。性能劣化の原因としては、
　①　使用による劣化──過酷な運転等
　②　自然劣化──老朽化
　③　災害劣化──浸水、地震等
が挙げられる。

161

図表3-3-1 ●性能劣化曲線

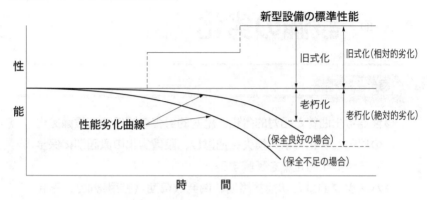

出所：武岡一成『特級技能士合格講座　設備管理』日本マンパワーを一部修正

図表3-3-2 ●設備性能劣化

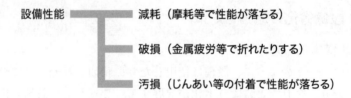

（2）段階ごとの保全方法

　前述した3つの性能劣化原因に対して、劣化の内容と技術的対策を述べる。

Ⅰ　使用劣化

　劣化内容としては、大別して次の3つの要因による劣化がある。

①　運転条件──温度、圧力、腐食

②　運転環境──疲労、摩耗、じんあい

③　操作方法──誤操作

　技術的対策としては、設備の耐熱、耐圧、耐震、潤滑、防錆、防塵等がある。たとえば、海岸に面した鉄橋などは錆びやすい。そこでは腐食

処理を施した防錆鋼板がよく使われている。

Ⅱ　自然劣化

　劣化内容として錆、材質の老朽化などがある。技術的対策としては前記と同じような項目群が考えられる。

Ⅲ　災害劣化

　劣化内容として暴風、浸水、地震、雷等による破壊が考えられる。対策として耐水、耐震、避雷などが考えられる。コンピュータは水に弱く、装置全体を耐水にするには費用がかかりすぎるので、2階以上のフロアに設置するなどの対策がとられている。

（3）設備劣化とその損失

　設備劣化による損失には以下のようなものがある。

Ⅰ　生産量低下による損失

　設備が劣化すると所期の性能を発揮できず、生産量が低下する。また故障も多くなり、設備が故障で休止するとそれも生産量低下に直結する。

Ⅱ　品質低下による損失

　設備の劣化により品質が低下すると、本来一級品であるべきところを二級品に格下げせざるを得なくなるなどする。それにより販売価格下落損を被ることになる。

Ⅲ　原単位悪化による損失

　設備の劣化により同じものを作るのにより多くのエネルギーを消費する等によって原単位が悪化し、コスト増大による損失が生ずる。

Ⅳ　納期遅れ

　設備の劣化により、所定以上の生産期間が要され納期遅延が発生する。納期遅れペナルティ、信用の低下による売上減少損失の事態を招く。

Ⅴ　安全環境悪化

　設備の劣化により突発的な災害が起きやすくなる。

　災害の発生、それに伴う労働意欲の低下などによる損失が生ずる。

（４）設備劣化の抑制

　誤操作や無理な運転が故障を引き起こす。まず正常な運転ができるように訓練することが先決といえる。

　さて、設備劣化は避けられないものの、それを防ぐような手立てをとることはできる。たとえば、摩耗が激しくなってきたら、その部品を取り替えたり、摩耗の進行を抑えるためにこまめに給油したりするなど日常保全を丁寧に行うと、劣化の進行を極力防止することができる。これらが限度に近づくと検査が必要となる。機能低下については良否の判定が行われ、機能停止については傾向管理がなされる。修理が必要となる場合、事前に行う予防保全と事後保全がある。日常保全等は予防保全活動の一環として位置づけられる。

　劣化を防止する対策を図表３-３-３に示す。

図表３-３-３ ● 劣化防止方策

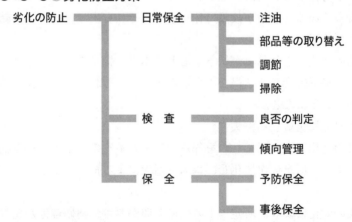

2　バスタブ曲線と保全

（１）バスタブ曲線

　バスタブ曲線とは、図表３-３-４に示したように「故障率が時間の経

過に伴って減少、一定、増加の順になっている曲線。注記　縦軸に故障率、横軸に時間を取ったときの形状が西洋の浴槽の断面に似ているのでこのように呼ばれている。船底形曲線ともいう」（JIS Z 8115：2019-192J-13-129）と定義され、寿命特性曲線ともいわれる。

　この曲線は、初めに設備の寿命の短い部分や設計ミス、操作ミスなどにより故障率が高くなるが、それらが修理・修正されて急激に減少するのが一般的で、この期間を初期故障期間と呼ぶ。次に故障率がほぼ一定に安定する期間になる。ここでは、故障は事故などによりランダム（偶発的）に発生することから偶発故障期間と呼ぶ。この期間は設備の故障率が最も低く、安定しており、その長さを有用（有効）寿命と呼ぶことがある。最後に設備を構成している部品の寿命がきて、再び故障率が上昇するが、この期間を摩耗故障期間と呼ぶ。

図表３-３-４ ● バスタブ曲線

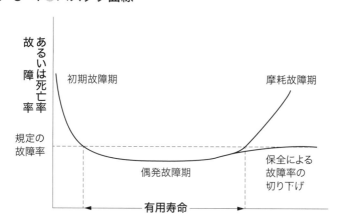

出所：中嶋清一『設備と工具管理』日刊工業新聞社

（２）故障期間と保全体制
　バスタブ曲線の各故障期間によって保全のあり方が、次のように異なり、それぞれに適した方法を採用することが重要である。特に日常保全

の強化は、偶発故障期間を長くし、摩耗故障期間の故障率の上昇を緩やかにすることができる。

Ⅰ　初期故障期間

　新設備の運転初期や旧設備の修理・改善直後には、前述のように故障率が高くなりやすく、その原因としては設計・製造不具合、粗雑運転などが挙げられる。

　保全体制としては、保全員を集中し、不具合箇所の早期発見が重要である。また、運転員の技術の向上が急務で、正しい運転方法の教育を徹底させることが必要である。また、メーカー側とユーザー側とが協力し、故障の解析結果などについて情報の相互交換も必要である。

Ⅱ　偶発故障期間

　設備の構成部品が寿命に達する以前の安定期で、故障が発生しない期間であるが、実際には事故や操作ミスなどによって偶発的に故障が発生する。そのため、この期間の故障は予測が不可能であるため、日常保全や事後保全、適正運転の徹底などが中心になる。

　保全体制としては、運転員への日常保全の教育の徹底、少数の優秀な保全員の養成・確保、予備品や代替機の常備、改良保全の推進などが挙げられる。

Ⅲ　摩耗故障期間

　機械的な摩耗や化学的な腐食、物性の変化、老朽化などによって故障が集中的に発生する期間である。

　保全体制としては、部品の摩耗や劣化傾向を定期的に点検し、構成部品の寿命が尽きる以前に部品を交換して故障の未然防止を図ること、つまり、予防保全や予知保全体制の確立が重要である。そのためには、保全員の点検能力の向上、予備品の信頼性や納期管理の向上、運転員と保全員の連絡の緊密化、改良保全の推進などが必要である。

第 4 節 設備保全システム

学習のポイント

◆重点設備を決めるポイントとして次のようなものがある。
① 生産──重要製品を生産する設備
② 品質──故障があると品質が不安定になったりする設備
③ コスト──故障があるとコスト増となる設備
④ 納期──納期遅れになると重大な結果となる製品を生産
している設備
◆重点設備の選定、重点箇所の検討等を通じて予防保全、日常
保全をする部分を区分けし、保全部門、製造部門ともに保全
意識を高める。そして、保全活動を日常的に定着するよう努
める必要がある。
◆日常の点検・検査活動としては、まず日程計画表を作成し、
それに従って実施していく。実施にあたっては、チェックリ
ストを準備しておき、そこにチェック記入していく。
◆部門の業績を評価しようとすると、たとえば休止期間の損失
を金額的に評価するなど、かなり困難な側面を有する。した
がって、保全効果測定には個別に定量評価しうる複数の要素
を選択し、評価する方法がよくとられている。

1 重点設備・重点箇所の保全

まず、設備保全システムの概要を図表３-４-１に示し、以降の説明項
目の位置づけを示す。

図表３-４-１ ●設備保全システムの概要

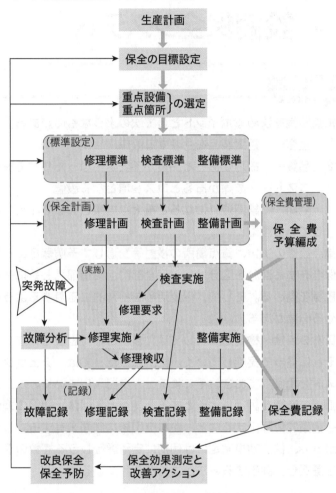

出所：中嶋清一『設備と工具管理』日刊工業新聞社

（１）重点設備・重点箇所の選定

　生産計画に基づき保全の目標を設定し、それを達成できるよう重点設備を選定する。もしある設備で突発的な故障が生じ、前後工程、ひいては工場全体に大きな影響を及ぼすといった場合、その設備は日ごろの点

図表３-４-２ ● 重点設備を決めるポイント

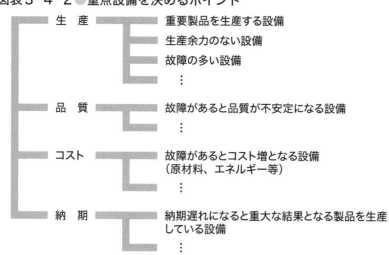

生 産		重要製品を生産する設備
		生産余力のない設備
		故障の多い設備
		：
品 質		故障があると品質が不安定になる設備
		：
コスト		故障があるとコスト増となる設備 （原材料、エネルギー等）
		：
納 期		納期遅れになると重大な結果となる製品を生産 している設備
		：

検も含め、重点的に管理されなければならない。重点設備を選んで、当該設備保全上の重点箇所を決め点検・保全していく必要がある。

重点設備を決めるポイントを図表３-４-２に示す。

（２）保全活動の定着

重点設備の選定、重点箇所の検討等を通じて予防保全、日常保全をする部分を区分し、保全部門、製造部門ともに保全意識を高める。そして、保全活動を日常的に定着するよう努める必要がある。

また、重点設備・重点箇所は、生産計画の変更や設備の改造・更新・新設、保全の効果などによって変わるため、重点の検討は定期的に行う必要がある。さらに改造などの変更に応じて、重点設備・重点箇所の点検や日常保全の必要な箇所や検査周期、修理周期や取替限界期限などを経済的な要因に基づいて決めて、これによって各設備の保全標準などを定める必要がある。

2　検査・整備・修理

（1）検査・整備・修理の標準化

　検査基準を作成し、検査基準表として整備していく。日常点検基準表や定期点検基準表などがその例である。それらのフォーマット例を図表３-４-３・４に示す。なお、整備・修理についても同様に修理基準を定めるとよい。

図表３-４-３ ● 日常点検基準表フォーマット例

日常点検基準表		検査基準書No.			作成	年　月　日
分　類		分類No.	担当部署	担当者名	改定	年　月　日
設　備　名			部長	次長	課長	改定	年　月　日
設備コード			印	印	印	改定	年　月　日
点検部位	No.	点検項目	周期	点検内容	点検方法	判定基準

図表3-4-4 ● 定期点検基準表フォーマット例

定期点検基準表			検査基準書No.			作成	年　月　日		
分　類		分類No.	担当部署		担当者名	改定	年　月　日		
設　備　名			部長	次長	課長	改定	年　月　日		
設備コード			印	印	印	改定	年　月　日		
点検部位	No.	点検項目	周期	点検内容	点検方法	判定基準	処置方法		

（2）点検・検査活動

　日常の点検・検査活動としては、まず日程計画表を作成し、それに従って実施していく。定期検査日程表のフォーマット例を図表3-4-5に示す。実施にあたっては、チェックリストを準備しておき、そこにチェック記入していく。日常点検チェックリストフォーマット例を図表3-4-6に示す。

図表3-4-5 ● 定期検査日程表のフォーマット例

設備	検査部位	周期	曜日	7　月　度										31
				1	2	3	4	5	6	7	8	9		31
				月	火	水	木	金	土	日	月	火		水
△△ロール機	○○装置	1週	金											
	××装置	2週	月											

図表３-４-６●日常点検チェックリストフォーマット例

月	日	点検者	○○装置 チェック	○○装置 処置	○○装置 チェック	○○装置 処置		
		設　備　名				○○ロール機		
		チェック部位						
7	1		レ		②	1		
7	2		レ		レ			

記入要領
- ●チェック記入　　　レ：良　好　　　○：異　常
- ●異常コード　　　1：かみあい異常、2：圧力異常、…
- ●処置コード　　　1：処置済、　　2：取替（緊急）、…

（3）整備活動

　整備活動として、製造部門では清掃など基本的な５Ｓの範囲に入る整備がある。さらには、簡単な部品の取り替えなど小整備も製造部門で行う。また、保全部門では劣化を回復する整備などを行う。

（4）設備修理活動

　設備保全は、日常保全・点検・修理よりなる。設備保全の構成を図表３-４-７に示す。
　突発修理は、設備検査によって予想できなかった故障の修理を指し、

図表3-4-7●設備保全の構成

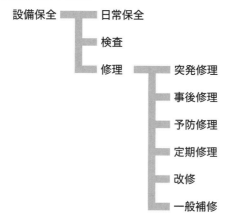

事後修理は、設備検査を行わない場合の設備の修理を指す。改修は、操業上不具合があった点等を改良する工事を指す。

　突発故障は操業上、前後の工程にも影響を及ぼすことが多く、緊急に修理・対応が必要とされることが多い。計画していた保全スケジュールを変更して対応するなどのため、保全担当者への負担も大きい。普段から予防保全等を通じて突発故障ができるだけ発生しないような管理の工夫が大切である。

3　保全の記録

（1）保全効果測定とフィードバック

　部門の業績を評価しようとすると、たとえば休止していた損失を金額的に評価するなど、かなり困難な側面を有する。したがって、保全効果測定には個別に定量評価しうる複数の要素を取り上げ、評価する方法がよくとられている。

　主なものとして、下記のような項目がある。

　①　稼働率（月単位）

$$稼働率 = \frac{実働時間}{負荷時間} \times 100\,(\%)$$

ここで、負荷時間＝実動時間＋不働時間

② 故障度数率（月単位）

$$故障度数率 = \frac{故障件数}{負荷時間} \times 100\,(\%)$$

③ 緊急保全（EM）率（月単位）

$$緊急保全率 = \frac{EM件数}{PM件数 + EM件数} \times 100\,(\%)$$

ここで、PM件数＝予防保全件数

④ 1件当たり保全時間

$$1件当たり保全時間 = \frac{(PM + EM + BM)\,時間}{(PM + EM + BM)\,件数}$$

ここで、BM件数＝事後保全件数

⑤ 売上高千円当たり修繕費（四半期単位など）

⑥ 製造原価千円当たり修繕費（四半期単位など）

　これらを周期単位（月単位が多い）に傾向を管理し、それらが改善されるよう関係部門に働きかける。特に悪い状況が発生すると集中的に原因を分析し、迅速に対策を立てなければならない。

（2）保全効果測定の指標とデータベース

　前述したような各項目について月別に目標値を設定し、実績値と比較し、目標管理していく。保全管理月報等を出し、月例報告会をもって関係部門と状況を共通認識し、次への目標を周知徹底する。図表3-4-8にデータベースを含めた管理システムの概要を示す。

図表３-４-８ ● 保全業績管理システムとその運用概要

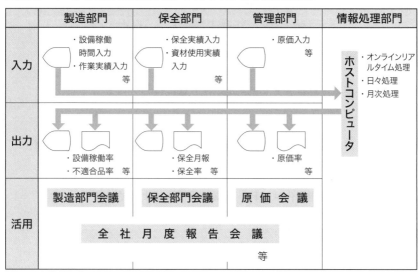

	製造部門	保全部門	管理部門	情報処理部門
入力	・設備稼働 　時間入力 ・作業実績入力 　　　　　等	・保全実績入力 ・資材使用実績 　入力 　　　　　等	・原価入力 　　　　　等	ホストコンピュータ ・オンラインリアルタイム処理 ・日々処理 ・月次処理
出力	・設備稼働率 ・不適合品率　等	・保全月報 ・保全率　等	・原価率 　　　　　等	
活用	製造部門会議	保全部門会議	原　価　会　議	
	全　社　月　度　報　告　会　議 　　　　　　　　　　　　　　　　　等			

第3章　理解度チェック

次の設問に、〇×で解答しなさい（解答・解説は後段参照）。

1　設備が高度化すると自主保全の必要性はなくなる。

2　日常保全として、設備の点検・整備、調整作業、部品取替作業、注油作業などがある。

3　設備の性能劣化は減耗、破損、汚損等によって生じる。

4　設備保全の記録は1ヵ月ごとにまとめて行えばよい。

5　バスタブ曲線は初期故障期、偶発故障期、摩耗故障期からなる。

6　予防保全とは、保全面に重点を置いて設備自体の体質改善を行うことである。

第3章　理解度チェック

1 ｜ ×
　　設備が高度化しても定期点検等自主保全は重要である。

2 ｜ ○
　　このほかに整理・整頓・清掃なども基本的な項目である。

3 ｜ ○

4 ｜ ×
　　設備保全記録は作業実施後、そのつど行う必要がある。

5 ｜ ○

6 ｜ ×
　　設問は改良保全の説明である。

| 参考文献 |

武岡一成『特級技能士合格講座　設備管理』日本マンパワー

中嶋清一『設備と工具管理』日刊工業新聞社、1980年

日本プラントメンテナンス協会編『TPM設備管理用語辞典』日本プラントメ
　ンテナンス協会、1994年

日本マンパワー編『中小企業診断士受験講座　生産管理』日本マンパワー

坂本碩也・細野泰彦『生産管理入門〔第4版〕』オーム社、2017年

日本産業規格：JIS Z 8141：2022『生産管理用語』、2022年

日本産業規格：JIS Z 8115：2019『ディペンダビリティ（総合信頼性）用語』、
　2019年

資材・在庫管理の基礎

この章のねらい

　第4章では、まず資材管理の重要性と効果的な運営を図るための基本機能を理解する。次に資材管理の出発点ともいうべき資材計画、すなわち資材購入計画は、部品計画と素材計画とに分けて計画するが、その流れとステップごとの計画内容の理解と基本となる部品構成表（サマリー型とストラクチャ型）の特徴と適用対象に関して学ぶ。次に経営管理上、特に問題となる在庫のあり方および常備品に対する発注方式と安全在庫の意義、ABC分析と在庫管理方式の適用を理解する。また現品管理面から、資材を入出庫する方法および棚卸方式とその評価を学ぶ。そして利益の源泉ともいわれる購買管理の果たす役割と購買方式、あわせて実務面から見た購買倫理と取引先（購買先・外注先）管理のあり方に関しても学ぶ。

第 1 節 **資材管理の考え方**

学習のポイント

◆資材管理の重要性について、生産管理面と財務管理面の両面から認識すべきである。

◆資材管理から、いかに資材の種類を分類すれば管理が容易になるかを知る。

◆効果的な資材業務を実施するためには、どのような機能を必要とするかを考える。

1 資材管理の意義

(1) 資材管理の重要性と目的

　資材管理の重要性については、生産管理面と財務管理面の両面から認識する必要がある。まず生産管理面から見れば、資材管理を効果的に実施することにより、納期管理や品質管理での維持改善が進むほか、現場作業の補完的な機能を果たす役割がある。次に財務管理面から見ると、コストダウンの重点対象であり、資金繰り管理の容易化、資材費の節約効果も購買技術の適用によっては大きく、企業利益創出の源泉となる。

　資材管理とは、「所定の品質の資材を必要とするときに必要量だけ適正な価格で調達し、適正な状態で保管し、(要求に対して)タイムリーに供給するための管理活動」(JIS Z 8141：2022-7101) と定義される。したがって、その目的とするところは、生産部門から指示された生産計画に基づいて、現場で使用する資材を保証し、あわせて購買費用と在庫管理費用を最小の費用で調達して生産性を高めることにある。

（2）資材の種類と流れ

Ⅰ 資材の種類

　使用される資材は、その使用目的から分類されるが、分類する仕方によって管理方法が変わってくる。主な分類方法としては、管理面上から「常備材料・非常備材料」、使用目的から「直接材料・間接材料」、加工度から「素材・粗形材・部品・半製品」、入手方法から「購入品・支給品」、部品の管理上から「加工部品・調達部品・常備部品」、原価計算上から「直接材料・部品・補助材料・消耗工具・器具・消耗品」、部品の組立度合いから「単一部品・集成部品・機能部品」、部品と製品の関係から「専用部品・共通部品・標準部品」、財務諸表規則から「原材料・仕掛品・製品・半製品・貯蔵品」、工場の都合上から「主要材料・部品・補助材料・加工外注品・消耗工具」などに分類され、管理目的に適した分類で対応することになる。

Ⅱ 資材業務の流れ

　資材業務の内容は図表4-1-1のように要求、調達、受入検収、保管という順序で実施される。

図表4-1-1 ●資材業務の実施順序

要　求	調　達	受入検収	保　管
所要量決定／納入時期の決定／在庫統制	購買（原材料・部品の購入）／外注（加工委託）	納入品の受領／数量・品質の受入検査／入庫と支払事務	入庫（搬入）／保管／出庫（搬出）／在庫事務
			現品管理
			運搬管理
資材計画	購買・外注管理	在庫管理	倉庫管理

2　資材管理の構成

　資材業務を効果的に実施するためには、特に次のような管理機能をいかにして展開させるかが重要となってくる。

（1）購買管理

　購買とは、「生産に必要な設備、資材などを購入する活動」（JIS Z 8141：2022-1115）と定義され、何を、どれだけ、いくらで、いつ、どこから、どのような条件のもとで、どのような方法で買うかということである。すなわち購買管理機能は、生産に必要な時期に、必要な品質の資材を、最小の費用で獲得するための管理活動であるといえる。

　そのための具体的な機能については後述するが、これら諸項目について的確な購買方針を決め、適切な購買システムのもとで、購買業務の標準化を図り効率を高め、有利な購買を進める必要がある。

（2）外注管理

　外注とは、アウトソーシングともいい、「自社の業務の一部を他社に委託すること。注釈1　外作、外製、外部委託ともいう」（JIS Z 8141：2022-1210）と定義される。外注は、発注企業の設計仕様により、外部の企業（外注工場あるいは協力工場と呼ばれる）に製造を委託する商取引のことである。

　したがって、自社技術や自社の生産能力を総合的に考慮したうえで、生産方針と外注方針を立て、外注する目的を明確化させ、適合品を安価に、納期遅延のないように獲得する管理活動を必要とする。そのためには、外注利用の可否、内外製区分の基準、発注先の選定と発注方式、利用方法などを明確にしなければならない。

　資材を安定して調達することは重要なことである。外注品の納期管理や品質管理を強化することは、不適合品の防止と納期遅延の防止につながる。また、資材の早期納入を抑制することによって、在庫の減少と資

金の効率化が図られるのである。

（3）在庫管理

　生産に必要とされる資材（素材や部品）の在庫量を適正に維持することによって、納期遅延や品切れ、納入数の不足の防止、過大在庫の防止などが図られる。企業の長期的な収益性や生産性を高めるためには適正な在庫管理を必要とする。そのためには、常備品の条件や在庫することによる長所と短所を理解したうえで、これらの目的を達成するために、生産計画に対応して必要な資材の調達期間、在庫に伴う必要な資材、在庫する場所（倉庫）などを総合的に考慮して最小の費用で資材を確保するための管理活動を進める必要がある。

Column　　💡　知ってて便利

《購買と外注の相違点は？》

　購買と外注との相違点を見ると、両者とも商取引であり、その事務手続も同じような性格をもっている反面、外注は工数の調達であるのに対し、購買は物品の調達である。

　仕様の面では、外注品は発注者の特別仕様であるのに対し、購買品は標準規格となっている。価格の決め方は、外注品は原価計算方式によるが、購買品は市場相場によって決まる。取引方法でも、外注はある程度の継続的な取引であるが、購買は自由取引であるという相違点をもっている。

<table><tr><td>第 2 節</td><td>資材計画</td></tr></table>

学習のポイント

◆機械加工での資材計画は、部品計画と素材計画の２段階で進められる。その手順を実務面とあわせて体験して理解する。

◆発注費の内訳と定量発注方式における経済的な発注量の算出方法と適用上の注意点を知る。

◆部品所要量の計算方法について、サマリー型とストラクチャ型とを比較しながら部品の特徴を知る。

1 資材購入計画

（1）資材購入計画の流れ

　資材計画とは、材料計画ともいい、「生産に必要な品目、その所要量、品質、必要時期などを決める活動」（JIS Z 8141：2022-7102）と定義され、資材所要量計画とも呼ばれている。具体的には、非常備材料、引当材料、適正在庫量の決定などを対象とした計画である。これは、生産計画に対して設計図や仕様書に基づいて生産に必要とする原材料の種類、数量、納期を決定し、これを購買係や在庫統制係に指示して原材料の調達を行うことを目的とした計画である。

　なお、資材を加工度から区分すれば、大きく素材と部品とに分けられる。素材は、板材や棒材のような製品設計仕様の中で、指定材質を備えた最も加工度の低い原材料の資材をいい、部品（Parts）は、組立製品を構成する加工処理をした資材をいうことがある。

　この資材計画は、機械加工の場合には部品計画と素材計画の２段階で

図表4-2-1 ● 資材計画の実施手順

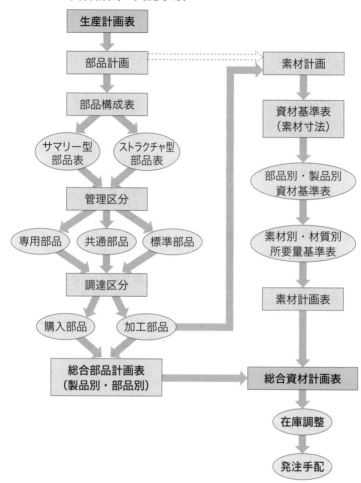

進められる。→図表4-2-1

I 部品計画

部品計画は、必要な部品の種類と所要量、所要時期を決めるものである。

1）部品構成表の作成

まず、部品構成表を作成しなければならない。

製品１単位当たりの部品名と数量を表形式で示したサマリー型部品表
（→本節**3**（1）Ⅰ）か、親部品と子部品の関係を部品の加工や製品の組
立順序を木構造で表示したストラクチャ型部品表（→本節**3**（1）Ⅱ）を
作成する。最近では、製品構成が複雑となっており部品点数や共通部品
が多くなり、また在庫削減のために中間組立段階での在庫引当を必要と
する。そのためにコンピュータによる処理を必要とするようになり、多
くの工場ではストラクチャ型部品表が多く使用されている。

２）部品の区分

次に、この部品構成表から、専門部品か、共通部品あるいは標準部品
（常備品）かに管理区分をする。さらに、調達区分として加工部品か購入
部品かに区分する。

３）部品別の総所要量の算出

構成部品ごとに生産計画数を乗じ、これに部品別の補用率（サービス
部品の必要割合）や不適合品率を見込んで割り増し、次に、部品別・製
品別の総所要量を算出することになる。

常備品で在庫や注文残がある場合には、在庫調整を行い部品の所要量
を算定し、継続的な生産品の場合には経済的な発注量を考慮して発注数
が決められる。

Ⅱ 素材計画

棒材や板材・鋳鍛造品のような加工部品については、設計図や現品見
本から、最も経済的な材料取りになるように素材寸法を決める。この場
合、素材や加工法によって取り代、つかみ代、突切り代が異なってくる
ので、注意が必要である。

次に、これを基準にして、部品別の資材基準表と製品別の資材基準表
を作成する。さらに再編成して同種の材質・寸法を集計し素材別・材質
別の所要量基準表を作成する。これらの製品別資材基準表に、製品別の
生産数を乗じて総所要量を算定して、総合資材計画表を作成することに
なる。これを調達部門が在庫調整後に発注手配を行う。

（2）支給品管理

Ⅰ 支給品管理の目的

　発注企業が取引先（主に外注先）に支給または貸与する品目に対する管理を行うために、かなりの人手と手間をかけているにもかかわらず、管理不備により品質面、原価面および納期面に大きく影響を与えているのが現場の実態である。

　この支給品を管理することによって、資材や金型などの品質が維持され、資材費や金型費の引き下げあるいは資材歩留り **Key Word**（一般には材料歩留り率と表示）の向上によるコストの引き下げ、納期遅延の防止による生産計画の確保、指導援助の緊密化によって系列化の強化を図ることができる。また、発注企業の財産（機械、金型、資材、仕様書など）の保全管理にも有効である。

　図表4-2-2は、発注企業が外注先に支給する品目である。

Ⅱ 支給にあたっての留意事項

　次のような諸点に留意して支給品の管理を強化維持する必要がある。

　①　支給品管理の方針を明確化

　②　支給品ごとに取引契約を締結し、定期的な監査の実施

図表4-2-2 ● 外注支給品目

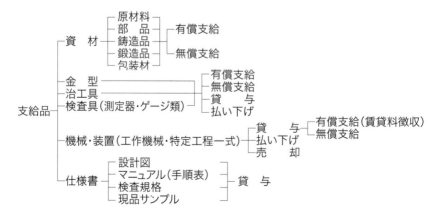

③　支給した仕様書類の機密保持強化の徹底化

④　支給品の外注先での現品管理（保管、受け渡し、棚卸）を強化指導

⑤　支給品である機械・装置・金型・治工具・検査具などの定期的な精度検査の実施

⑥　有償支給品（資材や金型）の価格は、発注企業と外注先の合意のもとで決定

⑦　支給品による予想されるトラブルに関して、その処理方法を明確化

⑧　支給品の品質保証と支給納期の厳守

⑨　支給図面や仕様書の変更については、変更手続規定を設け維持管理を強化

⑩　その他

Column　知ってて便利

《材料支給方式に無償支給と有償支給が!!》

　外注に際し、発注者が外注先へ資材を支給する方式として、支給する資材の代金を取らずに無償で支給し、加工後に加工賃を支払うという無償支給方式と、資材の価格を決めて有償で一度売却し、加工後に資材費を含めた価格で買い取るという有償支給方式がある。発注者が有償支給にすることにより、資材が節約でき、管理の手間や資材補償手続がなくなり、過剰支給も防止でき、資金繰り上げも有利となるため、最近では、有償支給の採用が一般的になっている。この場合、支給価格の決め方、加工による不具合時の対応、材料取りの決め方、残材や運賃の処置方法などに関して事前に明確にしておく必要がある。

Key Word

歩留り（ぶどまり）――「投入された主原材料の量に対する、その主原材料によって実際に産出された製品の量の比率」（JIS Z 8141：2022-1204）と定義される。

$$歩留り＝\frac{産出された製品の量}{投入された主原材料の量}×100（\%）$$

2 発注費用

（1）発注費用の構成

発注とは、「注文を発する行為。注釈1　注文、オーダともいう。注釈
2　発注先に事前に予約的に注文品目、量の概算を知らせることを内示
発注、発注に関連して発生する費用を発注費用という」（JIS Z 8141：2022
-7212）と定義される。すなわち発注費用は、取引先に資材を発注すると
きに関連して発生する費用のことをいい、購買費用ともいう。当然なが
ら発注費用は購買単価に加算されることになる。

その内容としては、人件費（担当者の給料、賞与）、事務用品費、消耗
品費、通信費（電話代、ファックス代など）、建物・OA機器・設備など
の減価償却費、旅費（交通費、宿泊費）、運搬費、受入検査費などである。
発注費用は発注回数に比例するものと見て、年間に要した総費用を年間
の納入件数で除し、1回当たりの発注費用として算出する。この1回当
たりの発注費用は、発注量に関係なく一定なので、発注量が多くなれば
1個当たりの費用は低下することになり、経済的発注量の算出や購買活
動の業績評価に活用される。

（2）経済的発注量の計算の考え方とその利用

Ⅰ　購入単価が一定の場合の経済的発注量

支払条件が同じならば、資材をまとめ買いすれば購入単価は安くなる
うえ、発注回数も減るため、発注費用も減少する。一方、購入数量が増
加すれば在庫が増加し、在庫を維持するための費用が増えることになる。
同様に、発注回数を多くして少量ずつ購入すれば、発注費用は増加する
が在庫量が少なくなり、在庫維持費用は減少する。これらの関係を示す
のが図表4-2-3である。この場合、購入単価を一定とすれば、年間に
おける発注費用と在庫維持費用が等しくなるような購入量が経済的であ
ると考えられ、これを経済的発注量（EOQ：Economic Order Quantity）、
または最適発注量ともいう。すなわち経済的発注量とは、「定量発注方式

図表４−２−３ ● 経済的発注量の意味

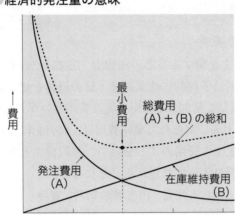

において、一定期間の在庫関連費用を最小にする１回当たりの発注量」
（JIS Z 8141：2022-7313）と定義される。

　いま、Q：経済的発注量、S：年間の総所要量、P：１回当たりの発
注費用、C：購入単価、I：年間の在庫維持費用比率（％）、N：経済的
発注回数とすれば、費用総額（Y）は次式により求められる。

$$Y=\left(\frac{S}{Q}\times P\right)+\left(\frac{Q}{2}\times C\times I\right)$$

　Yが最小になるQを求めるためには、Qについて微分して、

$$\frac{-SP}{Q^2}+\frac{1}{2}\times CI=0$$ とし、Qについて整理すると、経済的発注量（Q）

と経済的発注回数（N）は次式により求められる。

　　経済的発注量　$Q=\sqrt{\dfrac{2PS}{CI}}$

　　経済的発注回数　$N=\dfrac{S}{Q}$

　なお、前記の在庫維持費用（CI）は、在庫品を保管するために必要とする費用のことで、その内容は、人件費、金利（在庫品に対して）、税金、荷役費、建物や設備などの減価償却費、運搬費、保険料、棚卸減耗費、陳腐化費などである。

　経済的発注量は、計算の便宜上から、購入単価は発注量に関係なく一定としているほか、取引単位の規制（包装の関係）、物理的特性（重量や大きさ）、需要量の変化、支払条件など、実務的な点を無視しており、あくまでも基本的な考え方であることに注意しなくてはならない。

Ⅱ　発注量によって購入単価が変化する場合

　購入単価が発注数量によって割引される場合の経済的発注量は、次の手順によって算出する。

　発注数量ごとの購入単価別に、①資材購入費、②発注回数、③発注費用、④平均在庫量、⑤平均在庫金額、⑥在庫費用を算出し、①＋③＋⑥の合計値である資材費用総額のうち、最も低い（安い）ときの発注数量が経済的発注量となる。

3 部品所要量の算出

（1）部品構成表

　部品構成表とは、BOM（Bill of Material）ともいい、「製品又は親部品を生産するのに必要な子部品の、種類及び数量を示したもの」（JIS Z 8141：2022-3307）と定義され、部品計画の基礎となるものである。この部品構成表には、サマリー型部品表とストラクチャ型部品表がある。

Ⅰ　サマリー型部品表

　図表4-2-4のように加工や組立順序にとらわれずに製品1単位に必要な部品名とその数量のみが表示されるもので、同一部品が複数回使用されても、集約されて一度で示されることからサマリー（集約）型といわれている。

　この形式は、生産計画に応じて部品別の所要量を決める際に、各部品

図表４-２-４ ●サマリー型部品表（例）

（１）部品構成表

製品名	構　成　部　品							
A	a	b	c	d	e	f	g	h
	2	11	7	21	6	4	11	40

（２）表現様式

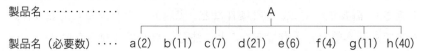

製品名‥‥‥‥‥‥‥‥　　　　　　　　　　　　　A

製品名（必要数）‥‥　a(2)　b(11)　c(7)　d(21)　e(6)　f(4)　g(11)　h(40)

の必要数に生産数量を乗ずるだけで算出することができる利点がある。しかし、部品が単品か、中間組立品かの区別ができないため在庫引当が困難である。

　サマリー型は一般に次の場合に適用されるが、概して小物製品が多い。

① 　部品構成が単純なもの

② 　継続性がないもの

③ 　子部品（個品）を組み立て、親部品（ユニット部品）の形では中間在庫をもたないもの

④ 　安定した継続生産品でも、同一場所で一貫生産されるなどで担当者が内容を十分に知っているもの

Ⅱ　ストラクチャ型部品表

　図表４-２-５は、構成部品とその必要数だけではなく、親部品と子部品の関係を部品の加工や製品の組立順序どおりに表現した部品構成表である。つまり、製品と部品の関係を組立段階ごとに中間組立品によって示したもので、親部品はどんな子部品より構成されているか、また子部品はどの親部品（組立段階）に使用されているか、という構成関係を１対１の関係で明らかにしている。言い換えると、親部品と子部品の関係を木構造で表すことができる部品構成表である。各品目は部品構成表の中でレベルコードをもち、最終製品のAは、レベル０の品目と呼ばれる。

図表4-2-5 ● ストラクチャ型部品表（例）

（1）部品構成表

親部品		A	a	c	f	g
子部品	数量	a（2）	c（2）	d（1）	b（2）	d（1）
		b（3）	e（3）	g（2）	h（3）	h（2）
		c（3）	f（2）			

（2）表現様式

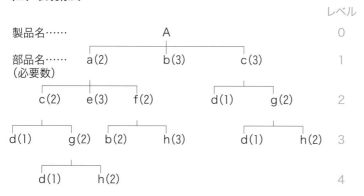

この形式は、中間組立品の在庫引当が容易なため、正味の所要量を正確に把握することができる。反面、所要量の計算は組立段階ごとに行われ、繁雑である。しかし、現在はコンピュータ化が進み計算が容易になり、この形式が広く使用されている。

ストラクチャ型は一般に次の場合に適用されるが、概して大物製品に多い。

① 部品構成が複雑なもの

② 中間組立品の形で中間在庫をもつもの

③ 設計変更が多いもの

（2）部品所要量の計算方法

ここで前掲の図表4-2-5を用いてストラクチャ型部品表による部品展開の計算例を計算手段に従って説明する。なお、生産計画でA製品が

図表４-２-６●在庫表

部品名	A	a	b	c	d	e	f	g	h
在庫量	7	2	5	10	8	15	4	4	10

図表４-２-７●部品展開計算シート

部品名	レベル 指定	レベル 計算	所要量	期首手持在庫量	正味所要量	期末手持在庫量	部品構成表 部品	数量	部品	数量	部品	数量
A	0	0	10	7			a	2	b	3	c	3
a	1			2			c	2	e	3	f	2
b	3			5								

10個要求されているものとし、この場合の各部品の正味所要量の算出過程を図表４-２-７に示す。ただし、計算のために必要な在庫表は図表４-２-６に示す。

Ⅰ　計算シート（→図表４-２-７）への基本事項の記入

① 　A製品の必要な量を10としたとき、表の所要量の欄に10を記入する。

② 　指定レベル欄にAは0、各部品は部品構成表（→図表４-２-５）において最も低い（数字が大きい）レベルを記入する。（Aの計算レベルの欄にも０を記入する）

③ 　手持在庫量の欄に製品および各部品の期首手持在庫量を在庫表（→図表４-２-６）から記入する。

④ 　部品構成表の欄に製品・親部品の子部品名、数量を部品構成表（→図表４-２-５）から記入する。

Ⅱ　レベル１の正味所要量の算出　→図表４-２-８

① 　製品Aの正味所要量の欄に所要量（10）－期首手持在庫量（7）より３を記入し、期末手持在庫量（0）を記入する。

② 　部品a、b、cの所要量の欄にAの構成部品の各数量に３を乗じ、

図表4-2-8 ● 部品展開の計算例

部品名	レベル 指定	レベル 計算	所要量	期首手持在庫量	正味所要量	期末手持在庫量	部品構成表 部品	数量	部品	数量	部品	数量
A	0	0	10	7	3	0	a	2	b	3	c	3
a	1	1	6	2	4	0	c	2	e	3	f	2
b	3	1⇒3	9、8	5	12	0						
c	2	1⇒2	9、8	10	7	0	d	1	g	2		
d	4	2⇒4	7、10	8	9	0						
e	2	2	12	15	0	3						
f	2	2	8	4	4	0	b	2	h	3		
g	3	3	14	4	10	0	d	1	h	2		
h	4	3⇒4	12、20	10	22	0						

記入する。

③ 計算レベルa、b、cの欄に1を記入する。aは指定レベルと計算レベルの数値が一致するので所要量が確定する。

Ⅲ レベル2の正味所要量の算出

① 部品aの正味所要量の欄に、所要量（6）－期首手持在庫量（2）より正味所要量（4）を記入し、期末手持在庫量（0）を記入する。

② 部品c、e、fの所要量の欄にaの構成部品の各数量に4を乗じ、記入する。

③ 計算レベルc、e、fの欄に2を記入し、計算レベルを更新する。c、e、fは指定・計算レベルが一致するので所要量が確定する。

Ⅳ レベル3、4の正味所要量の算出

上記の手順を繰り返し、各部品の正味所要量を算出する。

指定レベルと計算レベルが一致していない部品については順次、計算レベルを更新しながら所要量を追加していく。図表4-2-8では計算レベルに「⇒」がある部品がそれに対応している。なお、期末手持在庫量が次期の期首手持在庫量になる。

第 3 節　在庫管理

学習のポイント

◆在庫管理の目的と資材在庫が発生する原因を実務面との関連で考える。
◆在庫の区分による種類と在庫機能を考え、どのような資材を常備品として在庫すべきかを総合的な立場で検討する。
◆定期および定量発注方式の基準値の求め方を理解し、算出できるようにする。
◆在庫方式を決定する場合、ABC分析の果たす役割を理解する。

1　在庫の種類と機能

（1）生産と在庫の発生

　生産工場で使用される資材（素材や部品）の在庫量を適正に維持し、納期遅延や品切れ・不足を防止することにより生産性と収益性を高めるために在庫管理が必要となる。すなわち、在庫管理の基本的な目的は、資材の在庫費用や取り扱い労力を節減して、コストを引き下げ、在庫回転率 Key Word を向上させて運転資金を節減する。さらに、在庫切れを防止して現場に対するサービスの向上を図る。つまり、これら3項目（①原価の引き下げ、②運転資金の節減、③サービスの向上）を同時にバランスをとって管理することにある。

　一般的に資材在庫が発生する原因として、次のような数多くの項目が考えられるが、在庫の減少と効率的な在庫量の管理を進めるには、総合的な対策を必要とする。

① 不適当な生産管理システム

② 資材・在庫・購買管理方針の不明確

③ 在庫管理システムの不適切な運用

④ 生産計画の不安定（受注量の変動）

⑤ 管理のまずさ（品質、納期、ミス）

⑥ 変更の多発、受注の中止・延期・取り消し

⑦ 不要資材の未処分

⑧ 過大な発注

⑨ 現品管理の不備

⑩ 標準化の遅れ（資材、設計）

⑪ 調達期間・発注サイクル期間の長期化

⑫ 手配業務の延長と遅れ

⑬ バイヤーの未熟さと発注ミス

⑭ 関係部門間の連絡不備

⑮ その他

（2）在庫の種類と機能

Ⅰ 活動性による区分

　在庫品をその活動性により次のように区分し、その在庫量の適否を総合的な立場で検討して対応を考える。

1）活動在庫

　活動在庫は、現在活発に流動しているもので、在庫期間が短く、常時

Key Word

在庫回転率——一定期間における在庫の回転回数をいい、

$$在庫回転率 = \frac{一定期間の所要量}{平均在庫量}$$ で算出する。

在庫回転日数の逆数であり、これが高いほど運転資本の回収が早くなることから経営上望ましい（JIS Z 8141：2022-7303より）。

使用されている在庫をいう。

2）過剰在庫

過剰在庫は、必要とする在庫品ではあるが、在庫量が使用予定量（標準在庫量）よりも大幅に多すぎるような在庫品をいう。

3）眠り在庫

眠り在庫は、今後の使用見込みはあるものの、その使用量が少ないもの（在庫期間が長いもの）のような在庫品をいう。

4）死蔵在庫

死蔵在庫は、デッドストックとも呼ばれているもので、長期間使用されず、今後とも使用見込みがなく、ほかに転用のできないような在庫品をいう。

Ⅱ 製品の完成度合いによる区分

原材料から製品が完成するまでの製造過程から区分する。

① 素材在庫（棒材、板材、鋳造品、鍛造品）
② 仕掛品在庫（工程間での在庫）
③ 外注仕掛品在庫（外注先での在庫）
④ 部品在庫（部品単体での在庫）
⑤ 半製品在庫（工程中の中間製品在庫）
⑥ 製品在庫（検査完了済みの完成品在庫）
⑦ 流通在庫（配送や保管中の資材・製品在庫）

Ⅲ 在庫の機能

在庫をもたずに生産することは困難である。そこで適正な在庫をすることにより、次のような効果（機能）を期待することができる。

① 短納期に対応できるうえ、生産期間も短縮できる
② 品切れをなくし、納期遅延を防ぐ
③ 経済ロットで生産でき、稼働率を向上させる
④ 資材入手難時に対応できる
⑤ 相場の変動を吸収できる

上記のような効果がある反面、過大在庫となれば、人件費の増加、運

転資金や金利負担の増大、在庫維持費用の増大、陳腐化や値下げの危険性の増大、在庫処分費の増加、保管スペースの増大などの損失となるので、常に適正在庫を維持できるような体制をとる必要がある。

一般的には、次のような資材は常備品に適しており在庫される。

① 長期間に多量に使用される資材
② 共通に使用される標準資材
③ 処分損失の少ない資材
④ 規格・仕様が明確な資材
⑤ 使用頻度の多い資材
⑥ 重要部品で欠品できない資材

Ⅳ 安全在庫

安全在庫とは、「需要変動又は補充期間の不確実性を吸収するために必要とされる在庫」（JIS Z 8141：2022-7304）と定義される。すなわち、代表的な発注方式である定量発注方式や定期発注方式も、安全在庫をもって欠品（品切れ）の発生を生じさせないということを建前としている方式である。

定量発注方式では、調達期間（リードタイム）の変動（納期遅延に対応）と調達期間中の出庫量の変動（予定した量よりも多く出庫された場合に対応）に応ずるためには、ある程度の在庫によって欠品することを防止する必要がある。また、定期発注方式においても、定量発注方式と同様の理由のほかに、発注サイクル期間の変動（発注日の遅れによる納期遅延に対応）と納入数量の変動（予定した量が不足して納入された場合に対応）が発生する。

これらの変動（バラツキ）に対応するためには適正な在庫を必要とするが、安全在庫量が必要以上に多くなれば、品切れを防ぐ一方、平均在庫量が増加し、在庫維持費が増えて好ましくなくなる。そこで、在庫の品切れによる損失と在庫維持費用の両者のバランスを考慮して、最適な安全在庫量を設定することが在庫管理上の課題となってくる。

2 発注方式と安全在庫

常備品とは、「調達リスクが高い、継続的に使用するなどの理由によって、常に所要量を在庫している資材。注釈1 貯蔵品、常備材料ともいう」（JIS Z 8141：2022-7103）と定義される。常備品に対する発注方式は、1回の発注量の決め方と発注する時期の違いから定量発注方式と定期発注方式に大別される。この両方式とも前提条件として、在庫切れを防止するために安全在庫量（最小在庫量あるいは予備在庫量ともいう）を常備することになっている。

（1）定量発注方式
Ⅰ 定量発注方式の意味と特色

定量発注方式は、発注点方式ともいわれ、購買経費や管理の手間を省いてコストを引き下げると同時に、在庫切れ防止を図ることをねらいとした方式である。

主に多種類の小物品で、用途に共通性があり、そのうえ金額（単価または総額）を対象とし、連続的に現場に供給する在庫管理システムである。この方式は、在庫量が消費（出庫）されるに従い発注点に達したときに、最も経済的な発注量を発注して、常に在庫量が最適な状態になるように統制する方法である。したがって、この方式の特色としては、

① 1回の発注量は、発注費用と在庫維持費用の両者の総費用が最小になるような最適量として算出されること（常に一定量の発注）
② 発注時期は、在庫量が発注点に到達したときであるため不定期であること
③ 安全在庫量をもたせること

の3点を挙げることができる。

Ⅱ 安全在庫量の求め方

定量発注方式における安全在庫量は、調達期間や調達期間中の出庫量の変動を吸収するための在庫をいい、最小在庫量あるいは予備在庫量と

もいわれる。基本的には、定量・定期発注方式ともに品切れを出さない
という前提に立っている。

　安全在庫量の在庫維持費用と在庫品切れによる損失金額の両者から、
その必要量を決めねばならないが、損失金額の算出が困難であるため、
一般的には許容欠品率（許される品切れ率）を考えて求める。

　安全在庫量（R）は次式により求められる。

$$R = a \times \sigma \times \sqrt{L}$$

　ここで、aは安全係数（欠品率またはサービス率によって定まる倍数）
で、図表4-3-1のような数値である。

図表4-3-1 ●許容欠品率と安全係数

許容欠品率（％） （品切れ率）	1 $\left(\dfrac{1}{100}\right)$	5 $\left(\dfrac{1}{20}\right)$	10 $\left(\dfrac{1}{10}\right)$
安全係数（α）	2.33	1.65	1.29
サービス率（％）	99	95	90

　σは、単位期間内当たりの需要量の標準偏差（バラツキ度合い）、Lは
月単位の調達期間を表している。また、安全係数は、発注方針によって
決めるが、一般的には許容欠品率を5％、特別な場合（欠品を認めない）
は1％と見ることが多い。

Ⅲ　発注点の求め方

　発注点とは、「発注点方式において、発注を促す在庫水準」（JIS Z 8141
：2022-7314）と定義され、発注時期を知らせるポイントとなる在庫量を
いう。月当たり平均需要量をD、調達期間（月単位）をL、安全在庫量
をRとすれば、発注点（OP）は次式により求められる。

　　発注点（OP）＝ $D \times L + R$

Ⅳ　現品本位の簡易在庫方式

　簡易在庫方式は、定量発注方式の１つで、金額（単価または総額）の低い小物品のような品目については、事務的な労力を節減するために、そのつど台帳に記録せずに直接現品を見て適正在庫を維持しようとする簡単な管理方式であるといえる。

　主な方法としては、①**ダブルビン法** `Key Word`（複棚法ともいい、２つの棚に部品を入れておき交互に使用するもので、発注量と発注点が等しい管理方法）、②三棚法（上下３段の棚に、最小、注文点、最大の在庫数を決めて印をつけて管理する）、③**バルク法**（BULK ＝個数の管理をせず箱や袋などの単位で管理する方法）、④小包法（発注点に相当する在庫量を発注カードとともに小包に入れておき、開けて使用すると同時に同封のカードで発注手配をする方法）などがある。

（２）定期発注方式

Ⅰ　定期発注方式の意味と特色

　定期発注方式は、差額調整方式ともいわれ、主として主力製品で金額（単価または総額）の高い重要品目や需要変動の大きいような品目に対しては、多少の手間をかけても厳密な管理をすることにより、在庫量を減らしたうえで、在庫切れ防止を図りたい場合に適用される方式である。この方式は、定期的に決められた生産計画ごとに必要量を計算し、在庫量や注文残を調整したうえで発注量を決めて発注する方式である。したがって、発注時期は常に一定するが、発注量は毎回大きく変わること（発

Key Word

　ダブルビン法──「同容量の在庫が入った二つのビン（箱、容器）を用意しておき、一方のビンが空になり、他方の在庫を使用しはじめたときに一つのビンの容量を発注する方法。注釈１　一つのビンの容量を発注点と発注量とする発注点方式の簡易版で、複棚法、二棚法又はツービン法ともいう」（JIS Z 8141：2022-7320）と定義される。

注量が不定）となり、発注の周期も一定であるので、毎回の発注量は在庫量の差額によって調整する。調達期間中の納期や出庫量の変動、納入数量の変動、在庫調整期間の出庫量の変動などに対応して、在庫切れを防止するために安全在庫量（予備在庫）をもつこと、在庫調整期間が長いことなどがこの方式の特色である。

定期発注方式は、品目は少ないが、金額的に大きい重要品目に適用する。また、過大在庫となるのを防止して、需要変動に追従できるという利点がある反面、管理の手間がかかるという欠点や在庫調整期間が長いため、安全在庫量が多くなるという欠点もある。

Ⅱ　発注量の求め方

定期発注方式における毎回の発注量は次式により求められる。

発注量＝在庫調整期間における予定需要量＋安全在庫量
　　　－現在の在庫量－現在の注文残

ここで、在庫調整期間は、図表４-３-２のように、調達期間（発注してから、納入されるまでの期間）と発注サイクル期間（発注間隔をいい、発注日から次の発注日までの期間）を加えた期間のことをいう。

図表４-３-２ ● 定期発注方式における在庫調整期間

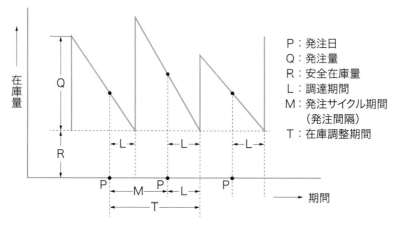

P：発注日
Q：発注量
R：安全在庫量
L：調達期間
M：発注サイクル期間（発注間隔）
T：在庫調整期間

Ⅲ 安全在庫量の求め方

　定期発注方式での安全在庫量は、定量発注方式での調達期間と調達期間中の出庫量に対応するための安全在庫量のほかに、発注サイクル期間の変動と在庫調整期間中の需要量（納入数量）の変動に対応できるための在庫量を必要とする。

　定期発注方式における安全在庫量（R）は次式により求められる。

$$R = a \times \sigma \times \sqrt{L+M}$$

　ここで、a は安全係数、σ は需要量の標準偏差、L は調達期間で、M は発注サイクル期間である。

3　ABC管理

（1）ABC分析の考え方と手順

　ABC分析とは、「多くの在庫品目を取り扱うときそれを品目の取扱い金額又は量の大きい順に並べて、管理の重要度が高い品目から順にA、B、Cの３種類に区分し、重要度に沿った管理の仕方を決めるための分析。注釈１　ABC分析を用いた管理の仕方をABC管理といい、横軸に金額・量の大きい順に品目を、縦軸に累積の金額・量（又はその割合）を示した曲線をABC曲線という」（JIS Z 8141：2022-7302）と定義される。ABC管理は、重点管理ともいわれ、アメリカのGEが在庫管理に適用してから一般的になったものである。

　在庫管理に、ABC分析を利用する目的は、重点的な管理を行うことによって、在庫量を減少させると同時に諸費用（管理費用や発注費用）を節約し、原価の低減を図ることにある。管理すべき対象が多すぎる場合、その重要項目を計数的に把握し、重点的にアクションをとることによって、最小の労力と費用で、大きな効果を出そうとする考え方である。

　すなわち、ABC分析によって、横軸に累計部品点数比率をとり、縦軸に累計使用金額比率をとったグラフ上に常備品の各品目の累計分布曲線

図表4-3-3 ● ABC分析図

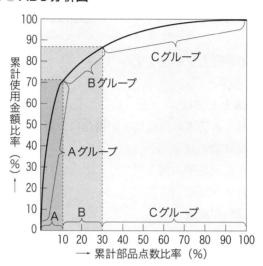

（ABC曲線）を描く（→図表4-3-3）。その曲線をABCの3つのグルー
プに分け、Aの品目は、数量的には少なくても、価値的に大きいので手
間をかけても綿密な管理をする。Cに対しては、管理の手間を省くよう
なおおまかな管理を行い、Bの品目については両者の中間的な取り扱い
をしようとするものである。

Ⅰ 作成手順

ABC分析図の作成手順は、

① 過去1年間くらいに出庫した全在庫品目の資料を収集

② ABC分析カード（部品番号・品名・単価・使用量・使用金額）を
作成し、使用金額の高い順に並べる

③ ABC分析表（累計部品点数比率と累計使用金額比率を算出）を作
成

④ ABC曲線（縦軸に累計使用金額比率を、横軸には累計部品点数比
率をとり、その％をプロットする）を作成

⑤ 品目をA、B、Cに3区分して、ABC部品を決定する。この場合、

特別の区分法則というものはないが、一般的な区分基準としては、A部品は累計部品数の10％くらい、B部品は20％、C部品は70％くらいである

⑥　部品ごとの管理方法を決定する

Ⅱ　ABC管理の効果と要点

ABC管理の効果としては、

①　C部品に対する管理の自動化と簡素化による事務費用の節減

②　A部品の在庫量の減少

③　A部品の在庫回転率の向上

④　計画的な管理が可能

⑤　諸費用の節約が可能

⑥　原価意識の徹底化

などが期待できる。

ABC管理における実施上の要点としては、

①　A部品にトラブル（欠品）が発生したときの対策を常に考えておく

②　販売量の大幅な変更や設計変更が生じたときは、再区分を行う

③　C部品で類似したような部品は、1つのグループとして扱う

④　C部品に対しては、できる限り管理を容易化する

⑤　分析する期間は、1年以内（6ヵ月〜1年）が望ましい

などの注意を要する。

Column　知ってて便利

《ABC分析とパレート分析の違いは？》

　ABC分析とパレート分析は、両者ともその根底となる考え方や目的は同じであるが、パレート分析は、主に品質管理（不適合解析）に適用され、前掲の図表4-3-3の横軸には目盛をとらず、累積度数の大きい項目を見いだしてその個々にのみ処置を講じる、また間接的な原価低減であること、などの違いがある。

（2）ABC分析と在庫方式

　在庫管理において、在庫量を減少させると同時に労力や管理費用の節約を図るための発注方式としては、A品目に対しては、定期発注方式を適用させて在庫量を減少させる反面、C品目については、包装法やダブルビン法のような現品本位とした簡易定量発注方式を適用して、そのつど台帳に記帳するのを省き管理や労力の手間を省くために予備在庫を多くもつようにする。B品目には、普通の事務手続による定量発注方式を適用すればよいということになる。

学習のポイント

◆入出庫管理の目的と機能および入出庫業務の事務内容を知る。
◆資材の入庫と出庫の情報を速やかに記録することによって、在庫情報の基本となる在庫台帳が作られる。
◆実質的に利用可能な在庫量である有効在庫数（新しい注文（需要）に対応できる在庫数）の算出方法を知る。

1 入出庫管理と情報

(1) 入出庫管理の目的と機能

　資材の入出庫管理の基本的な業務は、取引先から調達された資材（物品）の受入業務、その保管場所と保管方法を決めて保管する保管業務および出庫要求によって搬出する出庫業務である。したがって、その目的とするところは、在庫量をできるだけ減少させながら、現場からの出庫要求に応じて、必要とされる品質の資材を、必要量だけ、指定された時期に、定められた場所に供給することにある。そのためには、次のような機能が必要とされる。

　①　常備材料の在庫補充と資材使用計画の在庫量管理機能
　②　資材の受け入れ、検収、仕分け、保管、品ぞろえ、出庫などの作業および現品管理機能
　③　倉庫事務と常備資材の在庫補充のための購買要求機能
　④　生産現場への資材の運搬機能
　⑤　在庫品の棚卸と不適合在庫品の廃材（スクラップ）管理機能

⑥　倉庫の諸設備の活用計画と維持管理機能

（2）入庫の管理

　検収（受入検査）によって合格した物品が入庫される。入庫手続としては、一品一葉の入庫伝票によって処理される。現品は、社外（購買品・外注品）のほか、社内（内作品・戻入品）からも入庫されるが、識別するために現品札や送り状を現品に貼付したうえで、指定の場所に納品する。特に、戻入（返品）伝票や分納伝票の処理や伝票受理後の早期処理（在庫台帳に記録）に注意を必要とする。

（3）出庫の管理

　保管されている物品を出庫するには、工程係または直接現場からの要求で、出庫伝票によって処理（在庫台帳の記録や出庫金額の計算）されることになる。出庫処理としては、事前の引当分処理や一般の製造のための出庫処理のほか、外注先への材料支給処理、処分のための不用材料の出庫処理、修理用やサービス部品としての出庫処理など種々あるので、事務処理も複雑となる。

（4）入出庫情報

　資材の入出庫業務を効果的に実施するには、次のような情報とその処理を速やかに行う必要がある。

1）入庫検査情報

　入庫した資材が検収係によって検査した結果、発行される検査合格票の情報。

2）入庫情報

　材料係または現場が発行した取引先（購買先や外注先）や社内から入庫されるときに発行する入庫伝票（現品の検査済み印のある納品票）、戻入品（余分出庫や材料不適合品の戻入）に係る戻入伝票、入庫一覧表　等の情報。

3）出庫情報

　工程係または現場で発行する出庫伝票（倉出伝票ともいう）は、引出分としての出庫、製造のための出庫、外注先に原材料支給のための出庫、部門間の振替出庫、利用できずに処分するための原材料の出庫、サービス部品のための出庫などの情報が記載されている。これらは、倉庫からの指示用、工程係に対する出庫報告用、会計上の振替（出庫金額を記入）報告用、原価計算用報告などに利用される。

4）在庫情報

　資材の在庫は、日々の生産活動によって入出庫が繰り返され、更新される。その在庫情報は生産管理システムの重要な基準情報であり、その内容は手持在庫（在庫のうち、未引当の在庫のこと）、引当量（すでに使用が予約された在庫のこと）、発注残（すでに発注され、いずれ入庫され在庫となるもの）、有効在庫（実際に利用可能な在庫）の4つである。

　有効在庫は次式により求められる。

$$有効在庫 = 引当残 + 発注残 = 手持在庫 - 引当量 + 発注残$$

　資材の入庫や出庫の記録は、その旨を在庫台帳（受払台帳）に記録するが、この在庫台帳には、3欄式（入庫、出庫、在庫からなり現品のみの動きに応じて記帳する）と6欄式（〔有効在庫数＝発注残＋引当残＝発注残＋手持在庫－引当量〕を記帳する）があり、在庫管理面、特に在庫統制するには後者の台帳のほうがよい。

2　入出庫の方法

（1）先入先出法

　資材（物品）を倉庫（保管場所）から、現場あるいは外注先に出庫する場合、入庫した日付の古い資材から順次出庫するのが先入先出法である。この方法によれば、取り扱い手間が増加するが変質するおそれのあるものや新陳代謝を要請されるもの、流れ作業ラインに投入されるよう

な資材に適用される方法である。

　具体的には、フローラックシステム（自動送り出し方式）、ダブルビン法（複棚方式）、クーポンシステム（伝票方式）などによることが多い。

（2）後入先出法

　資材を出庫する場合、入庫した日付の新しい資材から順次出庫するのが後入先出法である。この方法は、資材の取り扱いの手間を減らしたい場合に適用されるが、主に大物や重量物のような取り扱いの困難な資材に適用される。ただし、奥にある資材は出庫されずに残る可能性があるため、資材の劣化に気を遣う必要がある。

Column　知ってて便利

《無検査納入方式の導入を！》

　無検査納入方式は、保証納入方式ともいわれ、外注品の品質が安定していて納入実績にも問題がなく、信頼できるような場合に適用される方式である。

　これは、発注企業での受入検査（品質検査）を廃止し、納入伝票（納入成績表付き）と現品および数量のみの検査で受け入れようとするもので、外注先に品質を保証させることによって、納入手続の簡略化、在庫の減少および納期の確保などを図ることを目的としたものである。この方式を導入するには、発注企業によって導入から安定化するまでの指導と協力が必要とされる。また、両者間で品質保証協定を締結し、特に外注先に対しては取引条件（単価、手形サイト、発注量など）を優遇することが必要である。

第 5 節　棚　卸

学習のポイント

◆棚卸の重要性と目的を知って、実務面での方法を学ぶ。

◆棚卸方法について、おのおのの特徴と実施方法、実施上の要点を学ぶ。

◆棚卸資産を評価する場合、在庫金額を算出する主要な方法を知り、あわせて棚卸差異が生ずる原因と防止対策について実務面から考える。

1　棚卸方法

（1）棚卸の目的

棚卸とは、「品物の在庫高及びその流動状態を知るための、在庫品の所在及び数量の調査。注釈1　棚卸の実施方法には、一斉棚卸法、循環棚卸法、定時棚卸法、常時棚卸法などがある」（JIS Z 8141：2022-7405）と定義される。棚卸は、正確な棚卸資産（原材料、部品、仕掛品、半製品、製品など）の残高を知るために、実在庫数を実地調査し（実地棚卸という）、帳簿上の在庫台帳残高と実際に存在する現品残高を照合して、棚卸差異が生じた場合にはその原因を追求し、修正し、台帳と実在庫を一致させる一連の業務のことをいう。よって棚卸の目的は、棚卸資産が実際に存在しているかを確認するとともに、在庫管理、現品管理がうまく機能しているかどうかその有効性を確かめることにあるといえる。

棚卸を実施する具体的な目的として、次の諸点を挙げることができる。

①　確実な現品在庫数を把握

② 実際の現品数と帳簿上の数量とを照合
③ 常備品目および標準在庫量の適否を検討
④ 不適合在庫品の実態把握
⑤ 現品の保管方法の適否を検討
⑥ 倉庫事務方法の適否を検討

　このように棚卸は、棚卸資産管理（財務諸表の作成）と日常の在庫管理、現品管理が適正であるかどうか評価するという、2つの目的のために実施される。

（2）棚卸の方法

Ⅰ　定期棚卸法

　定期棚卸法とは、「年2回、月1回などのように定期的に行う棚卸の方法」（JIS Z 8141：2022-7407）と定義される。この場合、一般に一斉（いっせい）棚卸法が採用される。一斉棚卸法とは、「対象となる商品について、全域にわたり一斉に行う棚卸の方法」（JIS Z 8141：2022-7406）と定義され、中規模以下の企業で一般的に多く採用されている。これは、決算期末または特定日に、定期的にすべての棚卸資産（在庫品）を対象に、一斉に実地棚卸を行う方法である。この方法によれば、①一般業務をすべて停止して実施するので、集中的に正確な残高把握ができること、②決算締切日と一致するため決算上は都合がよいこと、③第三者による監査も容易であること、などの利点がある。特に、現品の入出庫が一時的に集中しているような場合には、閑時に実施すると好都合である。反面、①特定日に集中するため、期間中の資材の入出庫ができず、そのため生産性が低下する、②すべての在庫品について一時的に棚卸するため、相当の人員数を必要とし、他の部門からの応援・協力を必要とする、③不慣れなためいろいろなミスも多く発生しやすく、そのための事前準備や教育指導を必要とする、などの欠点もある。

Ⅱ　不定期棚卸法

　不定期棚卸法は、臨時棚卸法ともいわれ、臨時的に実施する棚卸方法

である。これは、

① 入出庫中に相当数の現品と在庫帳との差異が発見されたとき

② 現品在庫数がゼロになったとき

③ 在庫数が最低在庫量となったとき

④ 新製品開発や特別注文により、確実な実在庫数を知りたいとき

⑤ 有効期間のある物品で、その期間が過ぎたとき

⑥ 販売上や特別処分のための調査依頼があったとき

⑦ 不正行為や盗難があったと思われるとき

などの場合に、指定された対象品に限って、そのつど実施される棚卸方法である。

Ⅲ 常時棚卸法

常時棚卸法とは、「毎日行う棚卸の方法」（JIS Z 8141：2022-7408）と定義される。この場合、一般に循環棚卸法が採用される。循環棚卸法とは、「倉庫内又は棚区域を一定の量で区切って、一斉ではなく順番に循環させて棚卸を行う方法」（JIS Z 8141：2022-7409）と定義され、在庫精度を高めるには最も適した方法である。

たとえば循環棚卸法では、倉庫を6エリアに分け、毎月末に1エリアごとの棚卸をすれば、半年で一巡できる。事前に実施スケジュールを決めておけば、一定期間（決算期間内）に全品目の棚卸を完了させることができる。これによれば、①日常の入出庫業務を停止せずして、並行して棚卸ができること、②日常の入出庫業務に当たっている専門の担当者が活用できるため現品もよく知っており、検収も慣れているため能率的に正確に実施できること、③人員も少なくてよいこと、④棚卸ミスや記録漏れも少ないこと、⑤迅速かつ正確な棚卸ができること、⑥現品管理も容易となり、棚卸差異の原因追求も容易となることなど、数多くの利点がある。したがって、在庫精度を高めたいとき、倉庫業務を停止できないとき、品目が多く集中的に棚卸ができないときなどの場合に採用すればよい。これらの利点は、定期棚卸法の欠点を補うものといえる。

2　棚卸資産評価

（1）棚卸資産の評価方法

　税法で規定している評価法としては、原価法と低価法がある。原価法には、個別法、先入先出法、総平均法、単純平均法、移動平均法、最終仕入原価法、売価還元法などの方法がある。低価法は、まず原価法で評価し、それを時価法と比較して、低いほうの価額を評価額とする方法である。どの評価方法を選択するかはその会社の方針によって決め、その旨税務署の承認を必要とすることになっている。

　届出をしないときは、最終仕入原価法（最も容易であるため、法人の多くはこの方法を用いている）を適用することになっている。税法では、その期の末日の時価を単価とする時価法は認めていない。

（2）棚卸資産評価の算出

　資材の価格は、購入時期や購入数量によって変動するため、同じ資材でも入庫時と出庫時の価格は必ずしも一致しない。しかし、出庫する資材費を原価計算上集計して、原価計算部門あるいは財務部門に報告しなければならない。そこで、在庫台帳の出庫単価と出庫金額の算出が問題となる。なお価格は、購入価格に納入されるための運賃を加えたもので、調達費用や在庫管理費用は含めない。一般的には、先入先出法、移動平均法が多く採用されている。

1）先入先出法

　先入先出法は、買入順法ともいい、購入された順序に応じて単価を決める方法である。これは、倉庫の古い資材から先に出庫して使用する考え方であり、時価から最も遠い価格となるため、相場変動の大きいとき、たとえば上昇期においては時価よりも安くなり、利益が過大になるので注意すべきである。計算が容易であるので多く採用されている。

2）移動平均法

　移動平均法は、在庫金額を計算し、その平均をもって出庫単価とする

方法である。すなわち、入庫によって生ずる在庫金額を、入庫によって生ずる在庫数で除して求めた値を出庫単価とする。この方法は理論的ではあるが、計算上単価に端数が出た場合は、その次の出庫記帳でその分を吸収することになっており、厄介である。

（3）差異分析と対策

Ⅰ 棚卸差異の発生原因

　倉庫内に在庫している物品は、端数整理や計量による目減り、保管中における品質劣化や破損による廃棄、時として盗難紛失や火災焼失などの理由により、在庫台帳での数量よりも減少するのが一般的である。これらは、自然発生的あるいは保管管理上の不備によるもので、管理努力により減少すべきであるが実務面ではやむを得ないところもある。棚卸差異とは、「棚卸の際に判明する実在庫高と在庫台帳の残高との差異」（JIS Z 8141：2022-7410）と定義される。

　棚卸差異が発生する具体的な原因としては、

① 倉庫への入庫および出庫する際の検数ミスと現品の紛失
② 在庫台帳、棚札、入出庫伝票の記録および計算ミス
③ 伝票の処理ミスおよび伝票の紛失
④ 棚卸時の検数ミスおよび棚卸記録・計算ミス
⑤ 棚卸漏れや二重記録

などが挙げられる。

Ⅱ 棚卸差異の防止対策

　正しい棚卸を実施して、在庫精度を高めるには、

① 会社幹部・関係者に棚卸の重要性を認識させるための教育指導を実施する
② 常時棚卸法を採用し、実施システムを確立させる
③ 在庫管理システムおよび発注・検収・入庫・出庫に関するルールを確立させ、実施手続を厳守するよう指導と管理強化を図る
④ 現品管理の強化、5S（整理・整頓・清掃・清潔・躾（しつけ）の

実施、レイアウトの改善などを図り、管理の容易な環境整備に努める

⑤　棚卸前の計画と準備の完全化を図る

⑥　実施上の注意事項の徹底指導と棚卸中の物品の入出庫の処理事項を厳守させる

⑦　棚卸事務処理のコンピュータ化を図る

などを実施しなくてはならない。

棚卸の結果の在庫品を、活動在庫、過剰在庫、眠り在庫、死蔵在庫の4種に区分し、棚卸後の適否を検討する。

眠り在庫品や死蔵在庫品の対応方法としては、再利用か、他に転用か、再加工して利用か、中古品として転売するか、廃却するかなどの処分をとることになる。過剰在庫品については、関係部門と協議のうえ対応する。

なお、近年は棚卸差異を防止する手段として、ICタグ、二次元コードなどを活用して管理する方法も提案され、効果を上げている。

Column　知ってて便利

《棚卸に使用する伝票の様式》

棚卸時に担当者が使用する伝票としては、

①　棚札による方法

品物の入庫、出庫、残高を明示するための現品カードの棚札を、古い棚札と新しい棚札とに記入し、古いほうを回収する。その結果を倉庫台帳と照合し過不足を発見したら棚卸一覧表に集計する方法

②　現品札による方法

上下二葉になっている棚卸用現品札に、実地棚卸時に記入し、一方を現品に取り付けて他方を点検後に切り取って、倉庫台帳と照合して棚卸一覧表に集計する方法

③　棚卸カードによる方法

一品一葉の連記可能な形式の棚卸カードを使用し、棚卸結果を記入後、返却させ、棚卸一覧表に集計する方法

の3つの方法があるが、対象とする品目に適した伝票を採用する必要がある。

第 **6** 節　**購買管理**

学習のポイント

◆購買管理の重要性と機能について理解する。
◆主要資材の購買方式と簡易購買方式のうち、一般的に多く採用されている方式の適用について実務面から考える。
◆購買担当者（バイヤー）の心構えと取引先（購買先や外注先）を選定する手順、発注者側の立場から取引先と協力体制を維持する対応を考える。

1　購買の方法と考え方

（1）購買管理の機能と役割

　購買とは、「生産に必要な設備、資材などを購入する活動」（JIS Z 8141：2022-1115）と定義され、何を（購買品目・仕様）、どれだけ（購買数量）、いくらで（購買価格）、いつ（購買時期）、どこから（購買先）、どんな条件で（購買条件）、どんな方法で（購買方式・購買手続）買うかということである。購買管理は、これらの諸項目について的確な購買方針を決め、適切な購買システムによって日常業務を標準化して効率を高め、有利な購買を進めるのがねらいである。

　大幅な売上収益や量産による原価引き下げが期待できにくくなった現在、原価構成比率の大きい資材費の引き下げを図ることが、コスト戦略的な面から重要視されてきている。

　購買管理とは、「生産活動に当たって、外部から適正な品質の資材を

必要量だけ、必要な時期までに経済的に調達するための手段の体系」
（JIS Z 8141：2022-7206）と定義される。そのために必要な購買機能と
しては、内外製区分、購買計画、仕入先開拓と選定、取引契約、発注管
理、価格管理、原価低減活動、納期管理、品質管理、検収支払管理、仕
入先管理、リスク管理、購買業務規定の整備などが挙げられる。

　このように購買管理では、的確な購買方針と購買システムのもとで、
これらの購買機能の実施によって、生産に必要な時期までに、適正な品
質の資材を、必要量だけ、適正な価格で購入することが重要となる。

（2）集中購買と分散購買

　資材（物品）の買い方には、購買の発注契約または業務を、本社（中
央）で集中的にまとめてとり行う集中購買方式と、必要とする場所（工
場）ごとに分散して購買する分散購買方式がある。

　次に集中購買方式の利点と欠点を示すが、分散購買方式はこの逆にな
るとみてよい。

Ⅰ　集中購買の利点
　①　集中発注により、価格の引き下げができる
　②　資材の標準化が容易になり、在庫を減少できる
　③　購買事務手続を統一化できる
　④　購買費用を節減できる
　⑤　財務管理（資金繰り）上、有利になる
　⑥　輸入資材や適材を入手するのに便利となる

Ⅱ　集中購買の欠点
　①　短納期（緊急）や特殊品の要求に対処できない
　②　各工場での在庫把握が困難となる
　③　地方工場では、納入日数や運送費が増加する
　④　購買の自主性がなくなる
　⑤　融通性（臨機応変の処置）がなくなる
　⑥　工場が立地する地域企業への貢献がない

Ⅲ 購買機能の集中化

　購買機能は、その重要性から見て、基本的には集中化することが望ましいが、生産計画の変更に俊敏に対応する必要がある実務面から見れば、簡単に決められるものではない。そこで、購買計画と統制機能は本社に集中化させ、購買の実施については、大口の共通資材は本社で集中購買し、小口の資材や外注品は、各地方工場で分散購買（外注）させるのが一般的である。

（3）購買方式

Ⅰ 主要資材の購買方式

　次に、購買方式についてその概要を述べるが、一般に金額の高い主要資材に適用されており、事務手続、交渉やそれらの管理も厳格に行う必要がある。

1）見積合わせ方式

　見積合わせ方式は、指名した2社以上の購買先から見積書をとって、これを比較して最も有利な条件のところから購買する方式である。一般的に、高価格品や特別な仕様で複雑な部品などに多く採用されている。

2）随意（ずいい）契約方式

　随意契約方式は、購買品の関係で、購買先が数社に限定されている場合、担当者が交渉後に随意に決めて購買する方式である。特殊品や価格低減ができるような場合に適用される。

3）特命購買方式

　特命購買方式は、購買先を1社だけに限定して購買する方式である。購買に時間的な余裕がない場合や購買先が制限されている場合に適用される。

4）当用買方式

　当用買方式は、都度購入方式とも呼ばれ、必要に応じて、そのつど購入する方式で、入手が容易な特殊材料や市販品で少量でも割高にならないものに適用される。

5）長期契約方式

長期契約方式は、内示購買方式とも呼ばれ、年間に必要とする数量を購買先に内示し、納入は発注者の必要時に、必要数だけを分納させる方式である。

6）競争入札方式

競争入札方式は、数社の購買先から見積書をとって、最低価格のところから購買する方式である。一般公開入札と指名入札方式があり、公平かつ低価格で購入できる反面、品質やサービス、不正や談合の危険性などに注意を必要とする。

7）見込仕入方式

見込仕入方式は、思惑買い方式とも呼ばれ、価格に変動がある資材を、相場が低落したと思われる時期に多量にまとめて購入する方式である。

ほかに購買時期を決めて購買する定時購買、一定期間ごとに購買する定期購買、系列購買、相互購買、共同購買などの方式も適用される。

Ⅱ　簡易購買方式

最近になって多くの企業が導入している方法で、購買手続を簡素化し、購買経費（事務経費も）の引き下げに役立たせようとする方式が簡易購買方式である。

1）即納契約方式

即納契約方式は、品種別に単価を事前に契約しておき、電話で注文して即納させる方式である。最近では、一般部品のほか自社規格の常備品にまで適用されている。

2）預託（よたく）方式

預託方式は、毎月継続するような標準品や自社の標準規格品を、購買先から自社の倉庫に預り、使用すると同時に、買い付けをしたとする購買方式で、使用高払方式またはコック倉庫方式ともいわれる。ほかに自動販売機方式といわれる自動販売機に、工具類、ボルト、ナット、消耗品などを入れておき、必要に応じてチケットで購入するという購買方式も多く採用されている。

3）指値（さしね）購買方式

指値購買方式は、自社の価格算出基準によって指値発注して購買する方式で、継続使用の部品で価格変動の少ないものに適用される。

4）その他

ほかに、直接現金で購買する店頭購買、購買先と一定期間の購入単価を決める協定単価方式、特定の業者に委任する一括購入、月末に代金を支払う通い帳方式なども適用される。

2 購買倫理

購買担当者（バイヤー）として守らなければならない道徳的義務が購買倫理である。取引先と友好関係を推持して会社の対外的な信用と利益の増加を図るためにも、購買倫理を厳守する必要がある。特に取引先との対応のあり方については、具体的に指導しなければならない。

Ⅰ 購買担当者の心構え

① 取引行為は会社を代表する者として、信義・公正を尊重し、取引先と良好な人間関係を保つ
② 物品の発注者（請求元）の条件を尊重し、必要適切な物品の購入をする
③ 偏見をもって購買を行わない
④ 清廉かつ誠実である
⑤ 取引先に対し、事情の許す限り丁重かつ迅速に応対する
⑥ 取引にあたって金品の贈与やもてなしを決して受けない
⑦ 関連法規や契約内容を理解し、法令遵守の業務に徹する

Ⅱ 会社としての対策

① 会社幹部は明確な態度を示す
② 契約条件や内容の明確化を図る
③ 業務や処理方法の標準化を図る
④ 内部監査制度を採用する

⑤ 共存共栄を基調として取引先の信頼を裏切らない

⑥ 定期的なバイヤーのローテーションを図る

⑦ なるべく取引先の複数化を図る

⑧ トラブルやクレームに対しては公正な態度で処理する

3 取引先の管理

（1）取引先（購買先）の選定

適正な購買先を選定することは、容易なことではないが、あらかじめ決められた手順に沿って行うことが大切である。価格が安い、個人的な紹介、運搬の便がよいなど、思いつきで安易に購買先を決めることを避けるのは当然のことである。

新規の購買先を選定する場合、一般的には次のような5段階の手順によって進められる。

○第1段階——候補購買先の選定

簡単な市場調査によって複数の購買先を選定する。

○第2段階——候補購買先の実態調査

購買先の能力や地理的条件などについて定めた選定基準に基づいて調査する。この第2段階での購買先の実態調査内容としては、経営規模、経営方針、経営の安定性、経営の財務力、機械・設備状況、技術力、管理力などについて調査する必要がある。

○第3段階——購買先としての適格性の検討

品質、価格、納期、生産能力、協力性などの適格性について比較検討する。この第3段階の適格性としての検討内容には、質的・量的な技術能力、価格や納期の管理能力、経営者の性格（誠意・責任感・協力性）や経営能力などのほか、運搬や連絡の利便性というような地理的条件も検討する。

○第4段階——試行取引の実施

一定期間あるいは1〜2回程度のロットを試行取引し、品質（精度）

や納期面について評価する。

○第5段階——購買先として決定

1品目につき2社程度を決定し、品目別購買先台帳に登録し、以後の発注先とする。

取引先の決定にあたり、1品目の取引先を1社発注に限定するか、あるいは複数社発注にするかという問題（危険分散か価格引き下げか）もある。1社発注方式にすれば、長期間にわたって多量購入となるので、価格の引き下げ、品質の向上、納期の確保、発注費用の節減、工数の低減などの利点がある。

一方、複数社発注方式では、情報や競争による刺激により、品質・価格・納期面で有利なことが多く、リスクが少ないという利点もある。

一般的には、重要部品は複数社発注とし、他の資材は価格や管理費用の引き下げを図るために1社発注化が採用される。

（2）取引先との協力関係維持

安定した生産活動を行うには、取引先（購買先と外注先）との取引上の信頼関係を維持することが前提となる。そのためには、次のような諸事項に関して、発注側・受注側ともに取り決めたことの厳守と維持を図る必要がある。

① 購買方針 Key Word ・外注方針の明確化

② 購買倫理と取引契約の厳守

③ 下請法（下請代金支払遅延等防止法）の厳守

④ 適正な品質・価格・納期・サービスの確保と改善

Key Word

購買方針──「調達活動の基本となるもの。注釈1 購入する品目・仕様・数量・価格の決め方、契約方法、購買方式、購買条件、購買先の選択基準などが含まれる」（JIS Z 8141：2022-7209）と定義される。

⑤　定期的な取引実態調査と取引評価の実施

⑥　外注先に対する指導育成の実施

⑦　協力会等の定期的な会合の開催と維持

⑧　取引先とのコミュニケーションの活発化

⑨　取引先および市場に関した情報の収集強化

⑩　その他

Column　　知ってて便利

《入札方式で問題となる談合防止策は？》
　　①　手続の標準化とルール化および公表
　　②　受注者の資格審査の強化と選定
　　③　予定価格（基準価格）の設定
　　④　受注者企業数の拡大
　　⑤　バイヤーの育成と情報収集の強化
　　なお公共工事の入札制度では、制限付き一般競争入札制度、技術提案総合評価（プロポーザル）方式、保証制度（ボンド制度）、入札結果の一般公表、事前情報の公開、ペナルティの強化などの対応が必要である。

第4章 　理解度チェック

次の設問に、〇✕で解答しなさい（解答・解説は後段参照）。

1　資材管理が利益創造の源泉といわれるのは、資材費の引き下げの果たす効果が売上高増加や経費の節減よりも、企業利益が大きくなってきたからである。

2　複雑な大物製品で、部品点数や共通部品が多様な場合の部品構成表には、サマリー型部品表が適する。

3　定量および定期発注とも、在庫切れを防ぐために安全在庫を常備することが前提となっている。

4　長期間保管することが困難な資材の出庫方法としては、先入先出法が適する。

5　在庫精度を高めるための棚卸方法としては、定期棚卸法が適する。

6　年間の生産が安定しているような工場で、購入単価の引き下げ、在庫量の減少、納期確保を図るための購買方式としては、当用買方式が適する。

第4章 理解度チェック

1 | ○
資材管理の重要性を理解してほしい。コストダウンの宝庫、第3
の利益、活動の成否が企業の死命を決定する、などともいわれる。

2 | ×
ストラクチャ型部品表のほうが、加工手順や部品の購入順序ごと
に算出できるので適する。

3 | ○
発注量の決め方と発注時期だけが異なっている。両方式とも品切
れの発生を防ぐために、安全在庫を常備する。

4 | ○
変質するおそれのある場合や新陳代謝を要請される場合には、先
入先出法がよい。

5 | ×
常時棚卸法のほうが、全在庫品目を順次実地で棚卸することがで
きるので在庫精度を高めることができる。

6 | ×
長期契約方式（内示購買）で、分納させる方式がよい。必要に応
じて、そのつど購入する方法では割高となるほか、納期確保も困
難となる。

╟━━━━━━━━━━━━━━━━━━┨ **参考文献** ┠━━━━━━━━━━━━━━━━━━╢

青山肇『生産管理システムの進め方』日本実業出版社、2000年

並木高矣『資材購買管理の要点』評言社、1983年

日本経営工学会編『生産管理用語辞典』日本規格協会、2002年

山崎榮『資材購買管理』日本マンパワー、1995年

山崎榮・武岡一成『運営管理－生産管理』評言社、2001年

運搬・物流管理の基礎

この章のねらい

　第5章ではモノの生産・販売を行うにあたって、必ず付随する運搬と物流について学ぶ。運搬とは工場内あるいは物流施設内において物品を移動することをいい、物流とは原材料、部品、製品などのモノの移動に関連する諸活動をいう。企業において、運搬・物流のしくみとその効率の善し悪しは、生産・販売活動に大きな影響を与える。

　最初に物流管理の考え方を学び、続いて個々の物流機能である保管、荷役、運搬、包装について学ぶ。

第 1 節 物流管理の考え方

学習のポイント

◆物流管理の意義と物流合理化の手法を理解する。
◆物流の範囲と種類について理解する。
◆物流業務を構成する機能と、それぞれの機能の具体的内容について理解する。

1 物流管理の意義

　物流とは、「Physical Distribution ＝物的流通」の略語である。「物資を供給者から需要者へ、時間的及び空間的に移動する過程の活動。一般的には、包装、輸送、保管、荷役、流通加工及びそれらに関連する情報の諸機能を総合的に管理する活動」（JIS Z 0111：2006-1001）と定義され、経済においては商流（お金の流れ）と対をなす重要な機能である。

　製造会社では、部品や原材料を調達し、生産工程で加工・組立を行い、製品を顧客に販売する。この調達・生産・販売においてモノの移動が発生し、これを効率的に行うための管理が必要となる。また販売会社においても、納入業者から商品を仕入れ、倉庫に保管し、顧客の注文に応じて商品を配送するという、モノの移動が販売の業務そのものといえるため、ここでも効率的な物流管理が必要となる。物流の管理を行うためには、物流コストを把握することがまず必要である。以下では物流費用の分類について述べ、続いて物流を効率化するための分析と改善について述べる。

（1）物流コストの分類

　物流コストは、物流活動に関連して発生するすべての費用である。具体的には、入出荷、入出庫、保管、積込み・積卸し、流通加工、仕分け、包装・梱包、輸送・配送、情報処理作業などの活動に関連して発生する費用が対象となる。

　物流コストは、旧通商産業省の『物流コスト算定活用マニュアル』（通商産業調査会）の体系によると、次のように分類される。

　　ア　領域別──調達物流費、社内物流費、販売物流費、返品物流費、
　　　　回収物流費、廃棄物流費
　　イ　機能別──輸送費、保管費、包装費、流通加工費、情報処理費、
　　　　物流管理費
　　ウ　主体別──自家物流費、支払物流費
　　エ　変固別──変動物流費、固定物流費

このうち、広く用いられている機能別分類について、各費目の詳細は以下のとおりである。

①　輸送費──自動車、船舶、航空機、鉄道などの輸送機関によって、ある地点から他の地点まで製品を輸送する費用

②　保管費──倉庫、物流センターなどの施設内で、モノを一定期間保管するための費用、保管にかかわる荷役（入出荷作業、入出庫作業など）の費用も含める

③　包装費──製品を物理的に保護するために要する工業包装費（内装費および外装費）を指し、商業包装費（個装費）は含めない

④　流通加工費──流通段階において物流活動の一環として行われる加工作業の費用、生産や商流の一部と考えられる加工費は除く

⑤　情報処理費──物流に関する情報を処理・伝達するための費用

⑥　物流管理費──本社および現場の物流管理部門の人件費および運営費

（2）物流コスト比率

　物流コストは、業種により費目構成比率、売上高に占める比率が異なり、主要業種の状況は図表5-1-1のとおりである。

図表5-1-1●業種別物流コスト構成と対売上高比率

	製造業（合計）	食品（常温）	食品（要冷）	プラスチック・ゴム	石鹸・洗剤・塗料	医薬品
輸送費	58.5%	69.8%	65.9%	62.4%	57.7%	50.9%
保管費	16.6%	15.7%	12.7%	23.0%	24.4%	22.9%
包装費	5.1%	0.9%	0.1%	5.6%	0.7%	5.5%
荷役費	14.6%	10.0%	14.6%	8.1%	11.8%	19.6%
物流管理費	5.2%	3.6%	6.7%	0.9%	5.4%	1.1%
合計	100.0%	100.0%	100.0%	100.0%	100.0%	100.0%
売上高比率	5.5%	6.3%	9.6%	10.6%	6.0%	1.3%

	その他化学工業	窯業・土石・ガラス・セメント	鉄鋼	一般機器	電気機器	輸送用機器
輸送費	59.7%	56.9%	85.7%	44.5%	40.5%	51.3%
保管費	19.1%	15.1%	8.6%	27.0%	19.8%	11.8%
包装費	6.9%	9.4%	0.8%	4.6%	8.0%	17.3%
荷役費	10.6%	15.3%	4.9%	17.5%	23.6%	10.3%
物流管理費	3.7%	3.3%	0.0%	6.4%	8.1%	9.3%
合計	100.0%	100.0%	100.0%	100.0%	100.0%	100.0%
売上高比率	6.1%	8.4%	6.2%	5.2%	2.1%	3.2%

出所：（公社）日本ロジスティクスシステム協会『2020年度物流コスト調査報告書』

　ほとんどの業種で輸送費の占める比率が物流コストの過半を超えているが、医薬品のように単位重量当たりの価格が高く、保管や荷役において温湿度管理・衛生管理・期限管理が要求されるものは、輸送費の比率は小さく、保管費・荷役費の比率が高くなっている。

　売上高に占める物流コストの比率では、単位重量当たりの価格の低い製品を扱う業種において、対売上高比率が高い傾向にある。このような

業種では、物流コストの増減による業績への影響が大きく、コスト低減に向けた活動がより重要となる。

（3）物流の改善・合理化

　物流コストは、製造業平均で売上高の約5％を占めており、多くの企業にとって合理化を進めることは重要な課題である。

Ⅰ　製造工程における運搬の分析と改善・合理化

　モノの流れを効率的にするためには、「現状分析」「問題点・課題の抽出」「改善・合理化の実施」という手順で進める必要がある。製造工程における運搬の改善・合理化を進めるにあっては、運搬工程分析により現状を把握する。

　製造工程の分析に使われる工程分析では、原材料から製品に至る一連の流れを、記号を使い分析することで問題点を抽出し、工程全体の改善案を作成・実施する。生産に伴うモノの変化の経過を調べるのが工程分析で、変化の状況を工程という単位に分割し、記号で表示するとともに加工条件などを記述する。これによって製造工程の状況をおおまかにつかむことができる。

　工程分析では、原材料から製品に至るまでの過程を、加工、検査、運搬、停滞に分け、それぞれの工程図記号を使用し簡潔に表現する。すなわち、加工（○（大きい丸））、運搬（○（小さい丸）または⇨）、数量検査（□）、品質検査（◇）、停滞（原材料、製品の貯蔵は▽、滞留は◻）の記号で表す。→図表5-1-2

　一方、運搬工程分析は、運搬の状況をモノが流れていく順序で調査し、4種類の記号（基本記号、台記号、動力記号、操縦記号）と移動線で表す。運搬工程分析には、直線のフローチャート図で表す直線式運搬工程分析と、現場のレイアウト上に表す配置図式工程運搬分析がある。

　直線式運搬工程分析は、モノが流れる工程を記号と移動線を使って表し、各記号の左側には【所要時間・距離】を、右側には【人・場所・仕事の説明】などを記入する。直線式運搬工程分析は、運搬するモノの状

図表５−１−２ ● 工程分析

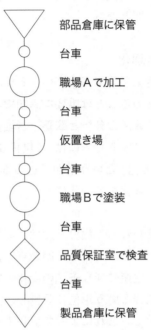

▽	部品倉庫に保管
○	台車
○	職場Ａで加工
○	台車
D	仮置き場
○	台車
○	職場Ｂで塗装
○	台車
◇	品質保証室で検査
○	台車
▽	製品倉庫に保管

態や所要時間がわかりやすく、問題点を明確にしやすい利点がある。→
図表５−１−３

　配置図式工程運搬分析は、実際の現場のレイアウト図と直線式の分析
図をもとに、運搬経路を移動線で表す。配置図式工程運搬分析は、運搬
の距離と流れが一目で理解でき、運搬時に発生するムダを判別しやすく
なる。→図表５−１−４

　運搬工程分析で使用する記号について以下に示す。

１）基本記号

　基本記号は、モノの扱われ方の区分を示している。工程分析で使われ
ている記号とは違いがある。→図表５−１−５

２）台記号

　台記号は、モノを置いたときの状態や移動手段を示す記号である。→

図表5-1-3 ● 直線式運搬工程分析事例

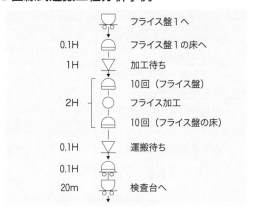

図表5-1-4 ● 配置図式運搬工程分析事例

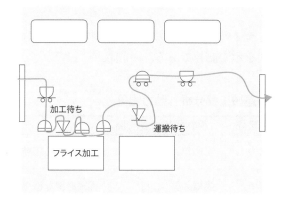

図表5-1-5 ● 運搬工程分析 基本記号

記　号	名　称	説　　　明
⌓	移　動	モノの位置の変化
⌂	取扱い	モノの支持方法の変化
◯	加　工	モノの物理的変化または科学的変化と検査
▽	停　滞	モノの移動・取扱い・加工が行われない

図表5-1-6●運搬工程分析　台記号

記　号	名称	説　　明	記号例	記号の説明
——	平（ひら）	床や台上などにバラ置きされた状態	▽	台上にバラ置きされている
⌊⌋	箱	コンテナ、束などにまとめられた状態	▽	箱に入れて置かれている
⊤⊤	枕	パレット、スキットなどに載せられた状態	▽	パレットに載せて置かれている
⊙⊙	車	車に載せられた状態	⊔	車で移動されている
⬭	コンベヤ	コンベヤや車などで移動中の状態	⊔	コンベヤで移動されている

図表5-1-6

3）動力記号

　動力記号は、モノの移動や加工の動力を判別することと、人手が必要かどうかの判別を示す記号である。→図表5-1-7

図表5-1-7●運搬工程分析　動力記号

記　号	動力区分	人手の要否	記号例	記号の説明
なし	人力	必要	⌓	人手による移動
——	機械力	操縦必要	⌓	操縦必要な機械による取り扱い
＝＝		操縦不要	⌓	操縦不要な機械による加工
＼	重力	監視必要	⌓	監視必要な重力による移動
＼		監視不要	⌓	監視不要な重力による移動

4）操縦記号

　運搬の取扱いを「上げ」「下し」に区分する際に使用する記号である。

運搬工程分析の結果に基づき、運搬の改善・合理化を進めるにあたっての基本原則の主なものは以下のとおりである。

- ・活性荷物の原則――モノを動かしやすい状態にして活性を高める
- ・ユニットロードの原則――荷物を一定の形状に統一する
- ・パレット化の原則――荷物とパレットを一体として扱い、荷役を最小限にする
- ・重量化の原則――ローラーコンベヤやシューター等、モノ自体の重量を活用し移動する
- ・配置の原則――モノの置き方、配置で運搬・荷役を最小限にする
- ・スペース活用の原則――直置き・バラ置きをやめ、立体化してスペースを有効活用する

Ⅱ　企業全体の物流の分析と改善・合理化

企業の生産・販売活動全体の物流の分析と改善・合理化を進めるにあたっては、運搬の改善・合理化と同様に、「現状分析」「問題点・課題の抽出」「改善・合理化の実施」という手順で進める必要がある。現状分析では、生産・販売活動にかかわる物流の全体像を表す必要があり、生産拠点、在庫拠点といった物流の変化点（ノードと呼ぶ）と、ノード間をつなぐ輸送経路（リンクと呼ぶ）を図によって表す場合が多い。このような図は物流チャートあるいは流通環境図と呼ばれる。図表 5 - 1 - 8 に家電製品を例にした物流チャートを示す。

現状分析では物流チャートに基づき、各リンクの輸送コスト・輸送効率、ノードである保管拠点における在庫量・在庫回転率・保管コスト・保管効率等のデータを調査し、問題点・課題の抽出を行い、改善・合理化へとつなげる。

生産活動においては、資材・半製品・製品の在庫、工程内・工程間の仕掛りが発生する。仕掛りは、ラインバランシングおよび同期化により極少化を目指す。在庫は、ロット調達、ロット生産により資材・半製品の在庫が、生産能力・生産リードタイム（部品調達から製品完成までの期間）と販売量・販売リードタイム（受注後の製品出荷指示から顧客へ

図表5-1-8 ● 物流チャート

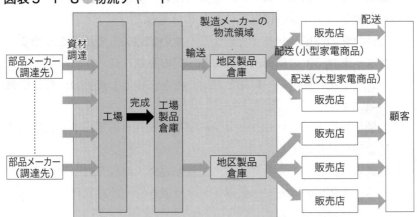

の納入までの期間）の関係により製品在庫が発生する。資材・半製品・製品の在庫をもつことは、やむを得ない場合があるが、必要以上に在庫をもつことは、保管費用のムダのみにとどまらず、資金回収が遅れることによる企業の財務体質の悪化につながる。

　以下では、保管あるいは停滞を分析する手法である流動数分析について述べる。

1）流動数分析とは

　横軸に時間、縦軸に流動数（インプット累計数とアウトプット累計数）を描いたグラフを流動数曲線と呼ぶ。モノの流れの数量的特性と時間の関係を表したものである。主に工程管理の道具として、工程の進度把握、仕掛量のチェック、基準日程・リードタイムの計画・統制等に利用される。流動数曲線による分析を流動数分析という。

2）流動数曲線の書き方

　最初に仕掛状況を調査したい対象物と工程を選ぶ。図表5-1-9は、工程Aで完成した部品が仕掛品在庫となり、工程Bに投入される場合の例である。

　インプット累計線は、仕掛品在庫の前月末の棚卸残高を起点に、その

図表５-１-９ ● 工程例

仕掛品在庫への受入実績を累計し記入する。次に、仕掛品在庫からの工
程Ｂへの払出実績を累計したアウトプット累計線を記入する。アウトプ
ット累計線は、原点から記入する。

３）流動数曲線の見方

インプット累計線とアウトプット累計線の縦の差が、その工程の日々
の仕掛品在庫残高を表す。横の差が、仕掛品在庫の停滞日数を表す。

図表５-１-10は、流動数曲線の例である。２本の曲線の縦の差が大き
い場合は、仕掛品在庫残高が多すぎることを意味しており、横の差が大
きい場合は、停滞日数が長いことを意味している。

工程の処理能力は曲線の傾きで表される。たとえば、工程Ｂの処理能

図表５-１-10 ● 流動数曲線

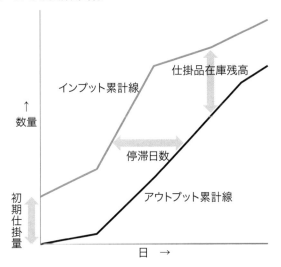

239

力が倍になれば、アウトプット累積線の傾きは倍になる。

4）流動数曲線による改善の着眼点

　仕掛品在庫を減らすには、インプットとアウトプットの2本の累計線の乖離をできるだけ小さくすることである。そのためには、どちらの累計線も直線に近いなめらかな曲線になるようにする必要がある。累計線がなめらかでない場合は、その原因を調査し、なめらかな曲線になるように改善する。なめらかな曲線になったら、仕掛品在庫を減らしていく。

　ロット生産の場合、ロットサイズを小さくしないと、仕掛品在庫を減らすことができず、削減結果は線の間の距離の縮まりとして表れる。

　線の間が平行でないときは、ラインバランスが悪いことを示している。線間が開いていく場合は、前工程が進みすぎているか、後工程が遅れているかのどちらかであり、線間が縮まっていく場合は、前工程が遅れているか、後工程が進みすぎている。

　2本の線が接することはあっても、交差することはあり得ない。交差するということは、仕掛品在庫がマイナスであることを意味しており、インプット累計線の開始点である前月末残高に間違いがあったか、受払実績に誤りがあったと考えられる。

2　物流の範囲

　物流において、生産工場や問屋、小売店など企業を対象とした物流を企業物流と呼び、郵便や宅配便、引っ越しのような不特定多数の消費者を対象とした物流を消費者物流と呼ぶ。物流はその目的によって、調達物流、生産物流、販売物流、消費者物流、回収物流の5つに大別される。→図表5-1-11

（1）調達物流

　調達物流は、製造会社が調達先から資材を調達するための物流であり、また卸・小売業においては、販売のため商品の仕入れを行うことが調達

図表5-1-11 ● 物流の種類

物流に当たる。製造会社における調達物流の代表的な合理化例を以下に示す。

Ⅰ ミルクランシステム

　少量多頻度納品やジャストインタイム納品を低コストで実現する方法として、ミルクランシステムがある。ミルクランシステムは、牛乳を牧場から回収するように、製造会社が調達先から資材を調達する際に、調達先が個々に納入するのではなく、製造会社がトラックを仕立て、あるいは調達先の1社がトラックを仕立て、各調達先を巡回して資材を集荷し製造会社へ納入する方法である。これにより、個々の調達先がトラックを仕立てて納入する場合に比べ、トラック台数を減らすことができ経済的となる。特に少量多頻度納品の場合、調達先によっては1回の納入

図表5-1-12 ● ミルクランシステム

量が少なく、トラックの積載効率が低くなることから、ミルクランシステムは有効な解決方法となる。→図表5‐1‐12

Ⅱ　納品代行システム

　納品代行システムは、点在する多くの調達先から資材を一括して集荷・保管し、製造会社の納入指示に合わせて納入するしくみである。部品納入を効率的に行う手法として、活用が増えている。ミルクランシステムのように製造会社への納入品を集荷するだけでなく、調達先の資材を集中保管することにより、調達先は納入資材の保管場所をもつ必要がない。また、製造会社は生産計画変更により急に資材が必要となった際に、各調達先に納入指示をする必要がなく、集荷・保管拠点に対し納入指示することで対応できるという利点がある。→図表5‐1‐13

図表5‐1‐13 ● 納品代行システム

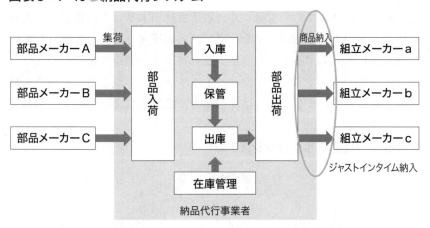

（2）生産物流

　製造会社の工場内において、調達した資材の保管、製造現場への供給、工程間の部品・半製品の移動、完成品の製品倉庫までの運搬が生産物流に当たる。

　合理化の観点からは、運搬は極力なくすことが望ましい。運搬が発生

するのは、工場内の製造現場の配置、製造設備の配置、部品倉庫・製品
倉庫の配置が隣接していない場合である。工程間を可能な限り隣接させ
れば運搬は極少化でき、運搬に必要な人・機材も削減でき、間接コスト
の削減が可能となる。

　工場内の建屋・設備配置上の制約から、また環境条件から工程間を隣
接させることが困難な場合があるが、レイアウト改善等で運搬の極少化
を図ることが重要である。

　レイアウト改善の手法として、SLP（Systematic Layout Planning）が
ある。SLPは、アメリカのコンサルタントであるリチャード・ミューサ
ーが1961年に提唱した工場レイアウトの体系的な手法である。

　SLPの計画手順は、1）PQ分析、2）工程経路分析、3）アクティビテ
ィ相互関係分析、4）アクティビティ相互関係ダイヤグラム、5）面積（ス
ペース）相互関係ダイヤグラム、6）レイアウト案の作成、7）決定プラ
ン、である。以下にポイントを解説する。

1）PQ分析

　PQ分析は、製品と生産量の関係を調べることにより、その製品にはど
のようなレイアウトが適しているかを判断するために行う。横軸に生産

図表5-1-14 ● PQ分析

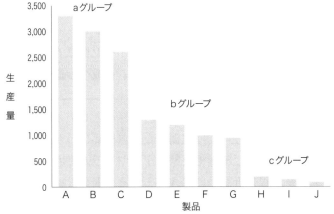

量の多い順に製品（P）を、縦軸に生産量（Q）をとって表す。→図表5-
1-14

　図中のaグループに属する製品は生産量が多いことから、製品別レイ
アウトが適しており、cグループに属する製品は生産量が少ないことか
ら、工程別（機能別）レイアウトが適している。

2）工程経路分析

　工程経路分析は、対象物の流れの経路を分析する図表である。多種少
量生産の作業場の改善に利用することが多い。縦方向に製品、横軸に作
業順の工程を記入した表に工程図記号、所要時間を記入して分析する。

3）アクティビティ相互関係分析

　工場のレイアウトを決める場合、作業場、機器・装置、出入口、通路、
倉庫、事務所、更衣室等、位置決めを必要とする要素が多くある。この
要素の関係の強さに応じて近接して配置したり、離して配置したりする。
このように要素間の関連性の度合いを分析するための手法として、アク
ティビティ相互関係分析がある。

　アクティビティは、機器・装置や事務所などのように位置決めを必要
とする要素のことで、レイアウトを考える場合の最小単位となる。この
アクティビティをもとに相互関係分析を行い、その結果をアクティビテ
ィ相互関係表として作成する。この表を作成するには、まずアクティビ
ティを洗い出し、次に近接性を事前に列挙しコード化しておき、このコ
ードを各アクティビティ間の所定の位置に記入する。→図表5-1-15

　このようにして作成されたアクティビティ相互関係表をもとに、工場
全体のアクティビティ相互関係ダイヤグラム作成へと進む。

4）アクティビティ相互関係ダイヤグラム

　アクティビティ相互関係分析では、各アクティビティの近接度合いを
記号で表したが、それだけでは空間的な位置関係はわからない。これを
表現するのがアクティビティ相互関係ダイヤグラムである。これは、ア
クティビティを工程分析記号に置き換え、その間の近接度合いの強さを
線の本数で表して、最適になるようにダイヤグラムを組んでいく。アク

図表5-1-15 ● アクティビティ相互関係表

近接性の重要度の例	
値	近接性
A	絶対必要
E	特に重要
I	重要
O	通常の強さ
U	重要でない
X	望ましくない

出所:『中小企業診断士通信講座テキスト』フォーサイトより

ティビティ相互関係ダイヤグラムは次の手順で作る。

　ア　まず、アクティビティを工程分析記号に置き換える。たとえば、倉庫は「▽」、製造建屋は「○」になる。この記号にアクティビティの番号を書き入れて、1つひとつのカードを作成する。

　イ　このカードのうち近接度合いの最も強いものを抽出して、用紙上に並べ、重要度に応じた数の線を引く。以後近接度合いの強い順に用紙上に並べて線を引き、全アクティビティの配置を終えることでアクティビティ相互関係ダイヤグラムが完成する。

5) 面積相互関係ダイヤグラム

　アクティビティ相互関係ダイヤグラムに面積を示した図である。

(3) 販売物流

　自社から他社（顧客）への商品の販売に伴う移動が販売物流である。製造会社の販売物流は、卸・小売業から見れば調達物流に当たる。販売物流では、商品の引渡条件、引渡時間等の取引条件がある場合が多い。

図表 5 - 1 -16 ● 販売物流例

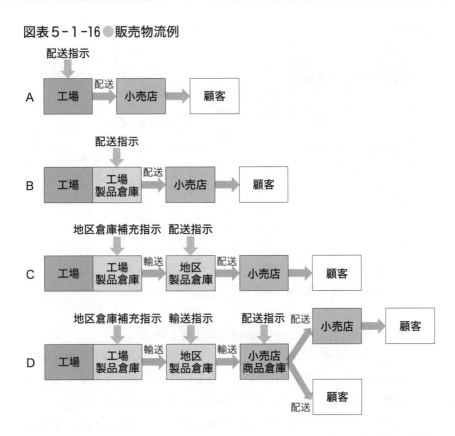

　販売物流は、商品が製造会社から顧客に渡るまでの間、販売量・販売地域・小売店の規模等により、流通過程に置かれる製品（商品）倉庫のもち方が異なり、さまざまなパターンが存在する。図表 5 - 1 -16に小売店を通じて販売する商品の例を示す。

　Aは、工場で生産された製品が直接小売店に配送され、販売されるパターンであり、製品在庫をもたずに小売店からの注文に応じて生産する場合である。

　Bは、販売予測に基づき生産し、製品在庫をもつパターンである。A、Bとも販売地域が工場に近い範囲にある場合である。

　Cは、販売地域が全国または広域の場合、工場製品倉庫から直接小売

店に配送することでは小売店の要求する配送リードタイムを満たさない場合に、販売地区ごとに製品倉庫を設け、小売店からの配送指示に対応するパターンである。この場合、製造会社は、工場製品倉庫と地区製品倉庫の2階層の在庫をもつことになる。地区製品倉庫は、小売店への販売と工場製品倉庫からの補充との緩衝機能を果たす在庫をもち、小売店への商品供給に在庫切れを起こさない必要最小限の在庫をもつように在庫管理を行う必要がある。一方、工場製品倉庫は、地区製品倉庫への補充と工場の生産との緩衝機能を果たす在庫をもち、地区製品倉庫への製品供給に在庫切れを起こさない必要最小限の在庫をもつように在庫管理を行う必要がある。この2階層の緩衝機能が連鎖的に機能するようなしくみを構築することが重要である。

　Dは、家電製品に代表されるような大メーカーと、広域または全国規模の販売店網をもつ小売業者の場合の生産・販売形態のパターンである。小売業者も地域の店舗に商品を供給する商品倉庫をもち、小物商品については店舗を通じて顧客に販売するため、販売状況に合わせて店舗へ商品供給を行い、大型商品については店舗での販売に応じて、商品倉庫から直接顧客へ配送する。このパターンでは3階層の在庫が存在することになり、小売業者の販売実績情報が、連鎖的に上流である地区製品倉庫、工場製品倉庫へつながり、各倉庫が必要最小限の在庫をももつような在庫管理、生産管理のしくみを構築することが重要となる。

〔配送代行システム〕

　調達物流における納品代行システムと同様の考え方で、販売物流においては配送代行システムがある。配送代行システムは、多くの製造会社から商品を一括して集荷・保管し、小売店の配送指示に合わせて配送するしくみである。商品配送を効率的に行う手法として、活用されている。商品の集荷だけではなく、各製造会社の商品を集中保管することにより、製造会社は配送のための倉庫をもつ必要がなくなるとともに、各製造会社が個別に配送する場合に比べ輸送効率が高まり、配送費の削減が可能となる。→図表5-1-17

図表5-1-17 ● 配送代行システム

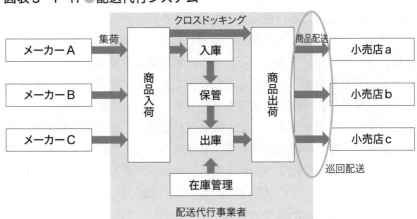

　図中のクロスドッキングとは、複数の仕入先からの入庫貨物を、倉庫に保管することなく複数の配送先に仕分け、出荷する方法である。

(4) 回収物流、廃棄物流

　回収物流は、使用済製品、不適合品、廃棄物、リサイクル品の輸送を指す。血管の動脈と静脈の関係に例えて静脈物流という場合もある。回収物流は以下の4つに分類することができる。

① 　返品・返送物流――製品の出荷先からの返品・返送
② 　リユース物流――容器(パレット、コンテナなど輸送用資材を含む)を再利用するための出荷先からの回収
③ 　リサイクル物流――容器、梱包廃材、使用済製品を新たな原材料として再資源化するための回収
④ 　廃棄物流――製品、容器、梱包廃材、使用済製品を廃棄するための輸送

　環境管理関連法規の整備に伴い、廃棄物処理の適正化、リサイクル・リユースの推進等から、回収物流は今後増加が予想される。

（5）消費者物流

　消費者物流は、宅配や引っ越し、また個人向けのトランクルームのサービスなど、直接一般消費者へ行う物流サービスを指す。一般に、生産者と消費者は物理的に離れていることが多く、商品が生産者から消費者の手元に届くまでにさまざまな中間流通を担う企業が存在するが、近年のインターネットの発達により消費者が直接生産者またはインターネット通信販売業者へ注文し、宅配便等により配送される形態が増加しており、国内のみならず海外からの配送も行われている。

（6）国際物流

　最近の日本の製造業の海外進出に伴い、国際間の物流が増加している。特に日本企業の工場進出が多いアジア各国との間は、日本からの資材・設備の輸出、アジア各国からの製品の輸入と相互の物流が増加している。

　日本の工場から海外の顧客までの国際物流の一般的な流れは、図表5－1-18のとおりである。

　国際物流は、国内の物流と比べ手続・経路が複雑であり、顧客は貨物

図表5－1-18 ● 国際物流

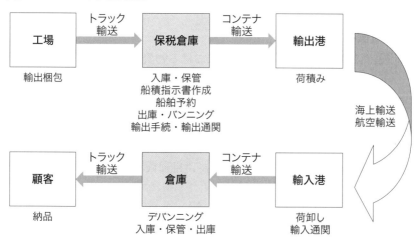

が現在どのような状況にあるかを知りたいという要求があることから、国際物流を手がける業者の多くは貨物の状況を追跡できる情報サービスを提供している。

3　物流の業務

（1）輸送の業務と役割

　輸送とは、「貨物をトラック、船舶、鉄道車両、航空機、その他の輸送機関によって、ある地点から他の地点へ移動させること」（JIS Z 0111：2006-3001）と定義される。海外ではこれらに加え、パイプラインも輸送手段として重要な役割を担っている。

（2）保管の業務と役割

　保管とは、「物資を一定の場所において、品質、数量の保持など適正な管理の下で、ある期間蔵置すること」（JIS Z 0111：2006-4001）と定義される。保管の機能として、資材調達と生産、生産工程間、生産と販売の間のモノの移動の頻度差・スピード差を吸収する緩衝機能がある。→本章第2節

（3）荷役の業務と役割

　荷役（にやく）とは、「物流過程における物資の積卸し、運搬、積付け、ピッキング、仕分け、荷ぞろえなどの作業及びこれに付随する作業」（JIS Z 0111：2006-5001）と定義される。輸送されてきた物品の荷卸しから格納までの各種作業、保管されている物品の出荷指示に基づくピッキング、仕分け、積込み作業などが、この荷役に含まれる。過去には人力に頼る部分が多かったが、最近では省力機器、自動機器が多く導入されている。→本章第3節

（4）包装の業務と役割

　包装とは、「物品の輸送、保管、取引、使用などに当たって、その価値及び状態を維持するために、適切な材料、容器などに物品を収納すること及びそれらを施す技術、又は施した状態」（JIS Z 0111：2006-2001）と定義される。包装には個装、内装、外装の３種類がある。個装、内装は多くの場合、工場の生産ラインの中で施される。物流の対象となるのは、主に外装である。物品を箱・袋・樽・缶などの容器に入れ、もしくは無容器のまま結束し、記号・荷印などの表記を施す。近年は環境問題から包装材の削減（Reduce）・再資源化（Recycle）・再利用（Reuse）が求められている。→本章第５節

（5）流通加工の業務と役割

　流通加工とは、「流通過程の倉庫、物流センター、店舗などで商品に加工すること」（JIS Z 0111：2006-6001）と定義される。たとえば、商品倉庫において、商品の配送・販売に必要な作業（荷札付け、値札付け、ラベル貼り、小分け、詰め合わせ、化粧包装、伝票類発行）を行うこと、あるいは顧客のニーズに合わせた加工・組立作業（製品の加工・組立、オプション品の取り付け）を行うこと等が流通加工に該当する。

　流通加工の役割として、小売店で行うこれらの業務を商品倉庫で集中して行うことにより、小売店での作業が削減できるとともに、流通加工を集中して大量に行うことから、熟練した専任作業員により効率的で高品質の作業となる。さらに、流通加工のための自動機器、省力機器の導入により、低コスト・高品質・高効率が実現できる。

（6）物流における情報の役割

　商品が工場で生産され、輸送・保管を経て顧客に届くモノの流れは、生産・販売事業者にとっては、事業活動の重要な情報の発信源である。販売事業者にとっては、販売実績数と商品在庫数は、今後の販売計画と仕入計画の立案に重要な情報であり、適時これらの情報をとらえる必要

がある。また生産事業者にとっては、出荷実績数と製品在庫数は、今後
の生産計画と資材調達計画の立案に重要な情報である。

　このような背景から、物流からのモノの動きに関する情報によって、
生産・販売計画を適時見直すことのできるしくみの構築が求められてい
る。サプライチェーンマネジメントは、モノの動きから、生産・販売事
業者が連鎖的にそれぞれの生産・販売計画を見直すしくみとして、導入
が進められている。サプライチェーンマネジメントによって、市場の動
きに即応した生産・販売体制の構築を図ることができる。

　物流におけるモノの情報と、それをもとにした物流関連の情報システ
ムの代表的なものは以下のとおりである。

1）モノの情報

① 　JAN（Japan Article Number）は、JIS規格化された共通商品バ
　　ーコードのことで、これによって受注・発注処理、検品、保管・棚
　　卸、ピッキング、出荷処理などの各種処理の合理化に効果がある。

② 　ITF（Interleaved Two of Five）は、JANコードをベースにした
　　物流用バーコードのことで、検品、仕分け、在庫管理、ピッキング、
　　棚卸など物流業務の合理化に適している。

③ 　二次元コードは、横方向にしか情報をもたないバーコードに対し、
　　水平方向と垂直方向に情報をもつコードである。バーコードに比べ、
　　より多くの情報をコード化でき、また印字面積を小さくできる。各
　　種ある二次元コードの中で最も普及しているは、1994（平成6）年
　　にデンソー（現在は分社化してデンソーウェーブ）が開発したマト
　　リックス型二次元コードのQRコードである。

④ 　RFID（Radio Frequency IDentification）は、識別情報を記憶した
　　RFタグから電波・磁界による近距離の無線通信によって情報をやり
　　取りするものである。従来のRFタグは、複数の電子素子が乗った回
　　路基板で構成されていたが、近年はワンチップのIC（集積回路）で
　　実現できるようになり、ICタグと呼ばれている。非接触で同時に多
　　数のタグを読み取ることができ、さらに書き込みもできることから

利用範囲が広がっている。

2）物流関連の情報システム

① POS（Point of Sales）は、販売時点情報管理のことで、店舗における販売時に、販売金額の入力、単品別の販売情報、顧客の属性情報などを目的に応じて迅速に処理し、伝達するシステムである。物流関連では、在庫管理や配送管理、受発注管理などに利用することにより、タイミングのよい商品供給、メーカーや流通の在庫削減を推進することができる。

② EDI（Electronic Data Interchange）は、異なる組織間で、取引のためのデータを通信回線を介して標準的な規約によりコンピュータ間で交換することである。物流関係のEDIでは、1996（平成8）年に運送関係メッセージ「物流EDI標準JTRN（1A版）」が発表され、その後、各業界の要望に合わせ適時改定され、さらにインタラクティブ（対話型）で、国際物流においても国内物流と同一のEDI環境で使用できる物流EDIとするため、2006（平成18）年にインターネット利用を前提とした次世代の物流EDI標準である「物流XML/EDI標準」（Ver. 01-01）が無償公開され、さらに2014（平成26）年には「物流XML/EDI標準」（Ver. 02-03）にバージョンアップし、現在に至っている。

物流業界でEDIを導入する利点として以下が挙げられる。

ア 業務の効率化

以前は、発注書・発注確認書・請求書・伝票などの各種書類を作成し、取引先企業に郵送しており、受発注データの入力作業や取引完了後のデータ管理に費用を要していた。EDIを導入することにより書類作成や郵送作業が大幅に削減され、業務を効率化できる。これは、発注側が入力した注文データが、取引先のコンピュータに受注データとして自動登録されるからで、すべての情報を電子処理するため、入力作業やデータ管理の費用を削減できる。さらに取引先や自社内事業所から要望があれば、いつでも必要な

データを送受信可能である。

イ　サービス品質の向上

EDIシステムは、すべてのデータを電子的に処理するため、各種書類の記入漏れや送付間違い、データ共有のミスといったヒューマンエラーが減り、サービスの品質が向上する。データ入力さえ間違えなければ、半自動的に正確な受発注業務を行うことができる。

ウ　競争力の向上

需要予測を正確に行い綿密な生産・販売・在庫計画を立てるには、関係事業者間で共有される受発注データが必要である。EDIシステムを導入することにより受発注データの共有が簡単にできるようになり、競争力強化に役立てることができる。受発注にかかわるすべての企業とやり取りをするため、データ交換を進めることで工程全体が最適化されていく。さらに、在庫が足りない場合のような緊急時には、即座に追加発注することもできる。物流業界は競合他社が多いことから、EDIシステムによる競争力向上は今後よりいっそう重要になるといえる。

③　**NACCS**（Nippon Automated Cargo and Port Consolidated System）は、入出港する船舶・航空機および輸出入される貨物について、税関その他の関係行政機関に対する手続および関連する民間業務をオンラインで処理するシステムである。これにより通関手続のほか、輸出入にかかわる各種業務のスピードアップを図ることができる。

NACCSは、輸出入にかかわる以下の関係部門が利用している。

・輸出入貨物の審査と許可をする：税関
・税関に対して輸出入申告を行う：通関業者
・関税の口座振替による徴収などにかかわる：金融機関
・入出港に係る手続などを行う：船会社や航空会社
・貨物の搬出入手続を行う：保税蔵置場等
・コンテナ内の貨物情報の登録や混載貨物の手続などを行う：海貨業者やフォワーダー

・船舶より積卸しするコンテナの搬出入手続を行う：コンテナヤード

輸出入に関連する手続を結びつけるNACCSにより、輸出入の複雑な業務が迅速かつ効率的に行われるようになった。実際のNACCSによる手続では、アルファベット3文字程度の業務コードを指定して情報を入力し、関係部門に送信することにより行われる。

Column 知ってて便利

《サードパーティロジスティクス》

サードパーティロジスティクス（Third Party Logistics）は、ある企業のロジスティクスの全体もしくは一部を、第3の企業に委託するという物流業務形態で、3PLと略称される。

物流業務を委託する「荷主」が第1の企業、輸送手段をもち実際に貨物を輸送する「運輸業者」あるいは倉庫をもち貨物を保管する「倉庫業者」が第2の企業、輸送手段・倉庫を自社でもたず、運輸業者・倉庫業者を利用することにより、荷主から委託された物流業務を行う企業を第3の企業を「3PL事業者」という。

荷主側から見た場合、生産から販売に至るまでのロジスティクスは企業活動の根幹であるが、効率的なロジスティクス活動には、倉庫・貨物自動車・情報システム・荷役作業者などのインフラの充実が欠かせない。しかし、これらのインフラ整備を自社単独で行うには相応の費用と時間が必要である。そこで、選択肢の1つとして、ロジスティクス活動の一部（場合によっては全部）を、物流業務を専門に行う3PL事業者に委託することが行われる。

委託を受けた3PL事業者は、荷主の要求する条件・制約を満たし、かつ外部の運輸業者・倉庫業者の資源を有効活用して、経済的なロジスティクスを提供する。また3PL事業者から見た場合、自社が保有するノウハウにより、自社の物流インフラによる制限を受けることなく事業を行うことができる。このような荷主企業と3PL事業者の利益の一致により、サードパーティロジスティクスが形成される。

3PL事業者の多くは、事業に必要なインフラを自社の資産として保有する運輸業者や倉庫業者であるが、自社の物流インフラをもたず、3PL事業に必要なソフトウェア開発を行う企業や、ロジスティクスに関するコンサルティングを行う企業が3PL事業を行う場合もある。

第 2 節　保　管

学習のポイント

◆保管機能と保管効率について理解する。
◆倉庫機能の違いによる倉庫の種類について理解する。
◆ロケーション管理について理解する。

1 保管機能

（1）保管効率と入出庫効率

　保管においては、所定のスペースにいかに多くの貨物を保管するか、入出庫をいかに効率よく行うかが求められる。前者を保管効率、後者を入出庫効率というが、両者は二律背反の関係にある。保管効率、入出庫効率を表す指標の具体例を以下に示す。

保管効率＝保管貨物の総体積 (m^3) ÷倉庫面積 (m^2)
入出庫効率＝一定時間当たりの入出庫貨物の総体積 (m^3)
　　　　　　　または総個数（個）÷荷役人員数（人）

　保管効率を高めようとすれば、貨物を多階層に重ねて保管する、あるいは通路等の保管スペース以外の面積を狭くし、できるだけ保管スペースを多く確保することが考えられる。一方、入出庫効率を高めようとすれば、入出庫作業・仕分け作業を行いやすいように作業スペースを確保することが考えられる。特に、入出庫作業にフォークリフトを使用する場合、あるいは荷さばきに自動仕分機を使用するような場合には、保管スペース以外に多くの面積を必要とする。

　保管効率、入出庫効率をどのような水準にするかは、保管する貨物の特性、入出庫頻度、入出庫リードタイムの関係から決められる。

　入出庫の頻度が高い場合あるいは入出庫のリードタイムが短い場合（出荷指示がされてから出庫、仕分け、トラックへの積込み、出荷までのリードタイムが短い場合）には、入出庫効率を優先した倉庫レイアウトと保管方法を考慮する必要がある。一方、入出庫の頻度が低く、貨物が長期間在庫となる場合には、保管効率を優先した倉庫レイアウトと保管方法を考慮する必要がある。

　入出庫効率を高める方法として、最近では倉庫内作業にかかわる情報システムの導入が行われている。これはWMS（Warehouse Management System）と呼ばれ、以下の機能を有する。

①　入荷予定情報管理

　倉庫への入荷予定情報を事前に受信し、保管場所の設定、入荷時の荷役量算定等の事前準備を行う。

②　ロケーション管理

　各在庫品の在庫ロケーションの登録・変更・削除を行う。

③　出荷指示情報管理

　出荷指示情報を受信し、輸送・配送車両手配、荷役手配を行う。

④　ピッキングリスト出力

　出荷指示情報をもとに、各作業者が効率よくピッキングできるように一覧表を出力する。

⑤　検品情報管理

　ピッキング後にバーコードを読み、出荷指示したものが正しくピッキングされたかどうかを確認する。

⑥　自動仕分機制御

　配送先別仕分けを自動仕分機によって行う場合、仕分けのための情報を情報システムから自動仕分機へ送信する。

⑦　ハンディターミナル接続

　入出庫時に現品のバーコードをハンディターミナルを使って読み、

読み込んだ情報は無線または有線接続により情報システムに送信する。

⑧　在庫情報管理

　各在庫品の在庫数を定期的に出力する。また、棚卸等で在庫数に差異があった場合には補正を行う。

⑨　入出庫情報管理

　各在庫品の入出庫数を定期的に出力する。在庫数と合わせて、在庫の動きに関する統計データ（在庫保有日数、長期滞留在庫品等）を出力する。

（2）ストック型とスルー型

　倉庫はその機能により以下のように分類することができる。

Ⅰ　DC（在庫）型センター（ディストリビューションセンター）

　DC（在庫）型センターは、入庫・保管・出庫を行う一般的な保管機能を中心とした倉庫を指す。入庫指示と出庫指示は別個に行われ、入庫した貨物はいったん格納・保管され、出荷指示により出庫する。

　DCは、物流の各過程で利用される形態であるが、製造業や卸売業など川上側で採用されることが多い。DCの中核機能は、保管機能、ピッキング機能、荷ぞろえ機能などである。

Ⅱ　TC（通過）型センター（トランスファーセンター）

　TC（通過）型センターは、入庫・仕分け・出庫を行い、保管機能をもたない物流拠点を指す。たとえば、複数の工場から入荷する製品をトラックからの荷卸し後、ただちに配送先店舗別に仕分け、貨物がそろった配送先から順次出荷するような場合が該当する。製品在庫を最小限としながら広範囲の地域に配送する場合、在庫は工場の製品倉庫にだけもち、出荷の際にはオーダに基づき配送先地域ごとのTCにまとめて輸送し、TCで配送先別に仕分けて配送する場合に適用される方法である。TCにおける入出庫をクロスドッキングという。→前掲図表 5 - 1 -17

　TCは、小売業など物流の川下側で採用されることが多い。商品の納入業者のTCへの納品形態としては、出荷先別に荷ぞろえして納品する出

荷先別納品型と、総量で納品してTCで出荷先別に荷ぞろえする総量納品型がある。TCでの中核機能は、商品の受入機能、出荷先別の仕分け・荷ぞろえ機能、方面別出荷機能などである。

Ⅲ　PC（流通加工）型センター（プロセスセンター）

　PC（流通加工）型センターは、流通加工を中心とする物流拠点である。流通加工は、販売物流の中で商品倉庫において、商品の配送・販売に必要な作業（荷札付け、値付け、ラベル貼り、小分け、詰め合わせ、化粧包装、伝票類発行）を行うことをいう。

　従来、小売店で行っていたこれらの業務を商品倉庫で集中して行うことにより、小売店での作業が削減できるとともに、流通加工を集中して大量に行うことから、熟練した専任作業員による効率的で高品質の作業となり、さらに流通加工のための自動機器・省力機器を導入することにより低コスト・高品質・高効率作業が実現できる。

　DC、TC、PCは、それぞれ単独機能で設置される場合と、DCとTCの組み合わせといったように、複合した機能をもつ物流拠点として設置される場合がある。同一地域に機能別の物流拠点を設置することは、設備投資面で負担が大きくなることから、地域別に物流拠点をもつ企業の場合には、DC、TC、PC機能を組み合わせることが一般的である。

2　倉庫機能

（1）保管と入出庫

　倉庫の基本的機能は保管と入出庫であるが、先に述べたように保管効率と入出庫効率とは二律背反の関係にある。一般にDC型センターでは、保管機能を重視する場合が多い。保管効率を高める具体策として、保管棚を設置することにより多階層保管を行い、倉庫の単位面積当たりの保管量を増加している。立体自動倉庫は、入出庫作業の自動化とともに、多階層保管により保管効率向上を追求したものである。

一方、TC型センターでは、保管よりも仕分け機能を重視しており、入庫・仕分け・出庫を効率よく短時間で行うことが重要となる。設備面でも自動仕分機を導入する場合が多い。

(2) 立体自動倉庫

立体自動倉庫とは、「鉄骨構造などのラック、スタッカクレーン及び入出庫ステーションで構成され、複数の物品又は包装貨物を一つの取扱単位とする貨物のうち、主にパレットを取扱単位とした貨物を保管する施設」(JIS Z 0111：2006-4005) と定義される。保管効率を高め、かつ効率的な入出庫を行う方法として活用されている。コンピュータコントロールによる立体自動倉庫は、入庫・保管・出庫を自動機器で行い、省力効果を上げるとともに、人による入庫・出庫の場合の格納場所間違い、格納場所探しといったミスやムダをなくすことができる。

立体自動倉庫には、大物製品向けのパレットを扱うタイプ、小物製品向けのコンテナを扱うタイプ、重量物用・軽量物用とさまざまなタイプがある。→図表5-2-1

図表5-2-1●立体自動倉庫

　立体自動倉庫の導入にあたっては、大型設備として倉庫内に設置され、また自動機による入庫・出庫を行うことから設置の位置精度が要求され、一度設置すると移設・改造に多額の費用を要するので、導入にあたっては将来の事業動向を検討することが重要である。また、保管品の荷姿が制限される場合があることから、導入にあたっては注意が必要である。

（3）物流拠点の動向

　インターネット通信販売の拡大に伴う宅配貨物の急増、物流拠点の人手不足により、物流拠点では省人化・省力化が進展している。特に労働集約的な倉庫においては、以下のような対応が行われている。

①　複数階のフロアをもつ倉庫では、直接トラックが上層階に行けるようランプウェイと呼ばれる螺旋通路が設置され、各階でトラックへの積込み、トラックからの荷卸しが行える構造となっている。ランプウェイがない場合は、積込み・荷卸しはすべて1階フロアで行わなければならず、上層階とは倉庫内のエレベータを使って貨物を昇降させる必要があるため、庫内作業に多くの労力が必要となる。
　　→図表5-2-2

図表5-2-2●ランプウェイが設置された倉庫

② 保管場所とトラック接車場所に段差を設け、トラックの荷台と保管場所の高さを合わせる構造となっている。荷台の高さは一定ではないため、高さ調整のためのドックレベラーが設置されている。これにより、トラックの荷台に直接フォークリフトが乗り入れることができ、積込み・荷卸しの作業効率が大幅に向上する。→図表5-2-3

図表5-2-3 ● ドックレベラー

③ 一般に、倉庫内作業の主作業である格納、ピッキングの作業比率は5割程度あり、残りは保管ロケーション間、あるいは保管ロケーションと荷さばき場所間の歩行がほとんどを占めている。この歩行を排除するために自動搬送ロボットの導入が進められている。ロボットが保管棚の下に入り込み、保管棚を下からもち上げ、格納・ピッキング作業場所まで自動で移動し、作業終了後は自動で戻るものである。これにより作業者は定位置で作業ができ、格納、ピッキングの作業効率が大幅に向上する。→図表5-2-4

④ 貨物の仕分けにはソーターが導入されている。ソーターは貨物を品種別・出荷先別などに仕分ける機械で、ソーターにより高速かつ正確に貨物を仕分けることができる。貨物の大きさ・形状に応じ、

図表5-2-4●自動搬送ロボット

さまざまなタイプのソーターが使われている。→本章第3節**2**(3)

3　ロケーション管理

　倉庫業務でいうロケーションは、倉庫内の保管場所や棚に付けた番地である。ロケーション管理とは、「保管の効率化、入出庫作業の円滑化などのために、どの物資がどの保管場所にあるかを管理する保管方式」(JIS Z 0111：2006-4008) と定義される。作業者が短時間で誤りなく、商品の格納・ピッキングができるようにすることが主な目的である。また、なるべく探し歩かないように番地の振り方にも工夫が必要である。

(1) 固定ロケーションとフリーロケーション

　固定ロケーションは、同じ商品を常に同じ番地に保管する方法で、保管場所が常に同じであるので、作業者がわかりやすいことが利点である。その反面、販売量や生産量が変動し在庫の増減が大きい場合、保管場所の空きあるいは不足が発生してしまう可能性があり、柔軟性が乏しい。また、商品のモデルチェンジや保管商品の入れ替えが頻繁にある場合は、その入れ替え作業が負担となることが欠点である。

　一方、**フリーロケーション**は、倉庫の中で商品を保管するにあたって商品と保管場所の関係を固定しない方法である。空いている場所から順番に商品を保管し、コンピュータにロケーション・商品名・保管数量等のデータを登録し管理する。フリーロケーションの利点としては、以下が挙げられる。

①　保管スペースの有効活用

　空いている場所から順次保管していけばよいため、保管スペースの有効活用が可能である。固定ロケーションに比べ、倉庫内の保管効率が高まる。

②　柔軟性の向上と作業の効率化

　保管場所を自由に設定・変更することが可能であるため、たとえば、売上げが増加して入出荷の回転が早くなった商品は出口付近の棚に保管するなど、より柔軟な対応をとりやすくなる。逆に出荷頻度が低くなった商品は、順次奥に保管し、作業動線を短縮するなど保管場所の柔軟な調整による作業面での効率化も図ることができる。

フリーロケーションの欠点と留意点としては、以下が挙げられる。

①　保管方法をフリーロケーション化するには、商品と番地をコンピュータに登録し、入庫・保管・出庫などの作業を管理する情報システムが必要となる。そのため、情報システムを導入・維持する費用がかかる。

②　商品ごとにロケーションが固定していないことから、ピッキングの際に誤って別の商品をピッキングしないように確認する必要がある。その際、確実に確認を行うために、商品のバーコードをハンディターミナルで読み込み、正しい商品であることを確認することが行われるが、バーコードが付いていない商品が入荷する場合には、入荷検品時にバーコードラベルを作成して商品に貼付する作業が発生する。

フリーロケーションが有効な商品カテゴリとしては、在庫品目の変更・入れ替えが頻繁な商品、たとえば季節ごとに品目が替わる衣料品などが

適用対象として挙げられる。また、鮮度管理やロット管理が必要な商品、たとえば食品・医薬品などが挙げられる。

　保管方法の検討にあたっては、商品の特性、得られる利点、そしてシステムの導入・維持コストなどを考慮し、ロケーションの固定化・フリー化を選択する必要がある。また、どちらかを選択するのではなく、出荷量と頻度によって、商品カテゴリごとに固定化・フリー化を併用することも必要である。

（2）アクティブ型とリザーブ型

　倉庫において商品を保管する場合、入庫するロットサイズが大きい場合には広い保管場所が必要となる。このような商品で、その種類が多い場合には、ピッキング時に作業者の移動が多くなり、作業効率が低下する。この解決法として、ピッキングを行うロケーションには、たとえば1週間分程度の出庫数に対応できる量を置き、残りはピッキングを行うエリアとは別のロケーションに保管し、ピッキングエリアの作業効率を高めることが行われる。このようにピッキング作業に対応した在庫は、

図表5-2-5 ●アクティブ型在庫とリザーブ型在庫

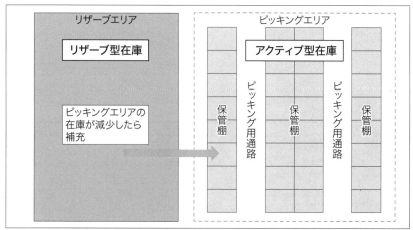

アクティブ型在庫と呼び、アクティブ型在庫が減少した場合に補充するために別のロケーションに保管する在庫はリザーブ型在庫と呼ばれる。
→図表5−2−5

　アクティブ型在庫とリザーブ型在庫を両方もつ場合には、1つの商品に2つのロケーションを設定し、ピッキング指示はアクティブ型在庫のロケーションに対して行うように情報システムを構築する必要がある。また、リザーブ型在庫については、補充のための入庫があった場合には、先に入庫した商品からアクティブ型在庫へ移すようにするための先入先出管理が必要となる。先入先出管理が適切に行われないと、長期間滞留する商品が発生し、使用期限がある商品は倉庫内で期限切れを起こす可能性があり、使用期限がない場合でも長期間の在庫により、汚れ・変質等が発生し商品価値を低下させる可能性がある。

　先入先出管理を徹底するには、同一商品を入庫日別に管理する在庫管理システムの導入、あるいはリザーブ型在庫を入庫日別に識別できるような表示を行うことなどが必要となる。

学習のポイント

◆荷役の機能、内容について理解する。
◆ピッキング方法について理解する。

1 荷役機能

（1）荷役の目的と意義

　荷役は、生産拠点での出荷時の積込み、保管拠点での積卸し・入出庫・積込み、輸出における港での船舶への積込みと、物流フローにおけるノードである各拠点で発生し、拠点間の輸送（リンク）とノードとをつなぐ機能を果たしている。

（2）荷役の業務

　荷役の具体的作業として、倉庫内での作業については、①トラックからの積卸し、②入荷検品、③入庫仕分け、④入庫、⑤格納、⑥ピッキング、⑦出庫、⑧仕分け、⑨出荷検品、⑩トラックへの積込み、が挙げられる。

　荷役は、過去には人力に頼る部分が多かったが、最近では省力機器、自動機器が多く導入されている。

2 ピッキング

ピッキングとは、「保管場所から必要な物品を取り出す作業」(JIS Z

0111：2006-5007）と定義される。ピッキングの方法としての摘み取り方式と種蒔き方式について以下に示す。

（１）摘み取り方式と種蒔き方式

　摘み取り方式は、商品を店舗に配送する倉庫を例にとれば、店舗別の出庫指示をピッキング作業者に行い、ピッキング作業者は、商品を保管しているロケーションを回り必要な商品をピッキング（摘み取る）する方法である。倉庫を一巡すると指示のあった店舗分の商品がそろい、その後検品・出荷へと続く。

　一方、種蒔き方式は、あらかじめ店舗別の箱（または棚）を用意しておき、ピッキング作業者は、受けもち範囲のロケーションから商品を全店舗分をまとめてピッキングし、用意した各店舗別の箱に指示数を入れる方法である。各店舗別の箱に入れる作業が、種蒔きに似ていることから種蒔き方式という。

　摘み取り方式と種蒔き方式のどちらを採用するかは、ピッキング対象となる商品荷姿、重量、アイテム数、仕分け数（オーダ数、カテゴリー数）等を勘案して決定する。

（２）ピッキング方式

　ピッキング方式は、受注処理システムの出荷情報処理からのピッキング指示に基づき、商品を保管棚から取り出す方式である。ピッキング方式は、指示情報の出力形態によって３通りに分けられる。→図表５-３-１
　○リスト方式
　　コンピュータが出力するピッキングリスト、受注伝票、納品書などの紙媒体を使用する方式である。なお、ピッキングリストは、商品の保管場所を示すゾーン、ルート、棚番、棚段などを併記し、作業時間短縮化のためピッキング順に編集したものである。
　○シールラベル方式
　　リストでなく、プリンターで印刷したシールやラベルを、ピッキン

図表5-3-1 ●ピッキング方式

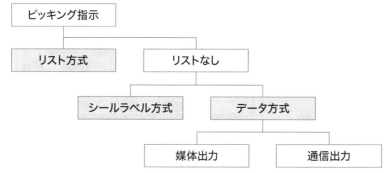

グ時に商品またはカートンに貼付する方法である。シールピッキング、ラベルピッキングとも呼ばれ、ピッキング時の検品も兼用する。

○データ方式

　リストでもラベルでもなく、出荷指示のデータを記憶媒体、または通信を用いて物流機器を制御する方式である。

・デジタルピッキング——ピッキングする保管棚にピッキング個数が点灯し、作業者は表示に従いピッキングする。→図表5-3-2
・カートピッキング——ピッキング指示情報を記憶媒体に記録し、それを表示式台車（カート）上の情報機器に装填、画面上の指示で作業する。ピッキング指示情報を無線で直接表示式台車に伝送するタイプもある。→図表5-3-3
・自動ピッキング——自動倉庫において、人が介在することなくコンピュータからの出庫指示情報に基づき、自動的にピッキングが行われる。

（3）自動仕分け

　種蒔き方式において、仕分先店舗数、1店舗当たりの商品種が多い場合、全店舗の仕分け・検品に時間を要することから、作業効率向上、納品精度向上のため、自動仕分機（ソーター）の導入が増えている。→図

図表５-３-２ ● デジタルピッキング

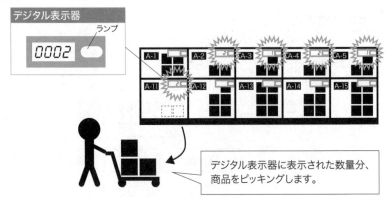

デジタル表示器に表示された数量分、商品をピッキングします。

図表５-３-３ ● 表示式台車

表5-3-4

　自動仕分機には、扱う商品の大きさ、重量、特性により、さまざまな
タイプがあり、代表的な形態として、①スライドシュータイプ、②チル
トトレータイプ、③クロスベルトタイプ、等がある。

図表5-3-4 ●自動仕分機（ソーター）

①スライドシュータイプ

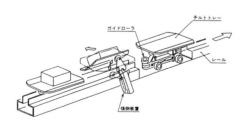

②チルト・ト・レータイプ

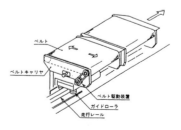

③クロスベルトタイプ

271

第4節 運 搬

学習のポイント

◆運搬の機能と合理化について理解する。
◆マテリアルハンドリングの原則について理解する。

1 運搬機能

運搬とは、「物品を比較的短い距離に移動させる作業。生産、流通、消費などいずれの場合にも用いられる。マテリアルハンドリングともいう」（JIS Z 0111：2006-5002）と定義される。従来、運搬はモノを必要な場所へ移動する、供給するという、生産の補助的な役割と考えられていた。しかし現在は、運搬方法の改善によって、設備や作業者の稼働率および作業能率を高めるというモノの流れ全体を対象とする総合的な活動となっている。

運搬は、以下の2種類に分けられる。

① 顕在的運搬──目に見える運搬、モノの位置の移動をいう
② 潜在的運搬──目に見えない運搬、たとえば加工中に行われる原材料や加工品の取り置き、運搬機器への積込み・積卸し、その前後の整理をいう

（1）マテリアルハンドリング（MH）の範囲

マテリアルハンドリング（MH）は、生産拠点や物流拠点内の原材料、仕掛品、完成品のすべての移動にかかわる取り扱いをいい、マテハンと略される。

　モノの取り扱いを増やしても価値を生み出さず、コストだけが増える
ことになるため、マテリアルハンドリングは極力減らすことが望ましい。
そのためには、モノの移動距離の最小化、ボトルネックの改善、在庫レ
ベルの最適化、間違いの最小化、破損の最小化等が考えられる。移動距
離の最小化等の改善を行っても、マテリアルハンドリングがどうしても
発生する場合には、省力化・自動化機器が導入される場合が多い。代表
的な機器としては、搬送装置やハンドリングロボットが挙げられる。

　マテリアルハンドリングの改善ポイントとしては、作業者に「歩かせ
ない・探させない・考えさせない」の観点で、レイアウト・作業方法を
見直すことである。

（2）運搬の構成要素

運搬を構成する要素として以下がある。

①　運搬物特性——運搬物の形状、重量、材質等

②　種類——運搬方法（人手による運搬、台車等による運搬、搬送機
　　による運搬）

③　作業量——運搬を行う作業者の作業量。水平方向では〔運搬物の
　　重量×水平移動距離〕、垂直方向では〔運搬物の重量×垂直移動距
　　離〕で算出される

④　運搬経路——運搬物の移動経路

⑤　稼働状況——勤務時間に占める運搬作業時間の割合。人手による
　　運搬の場合は運搬作業者の運搬作業時間割合、搬送機による運搬の
　　場合は搬送機の稼働時間割合

⑥　運搬量——運搬物の所定時間における総量

⑦　タイミング——運搬の発生する頻度（たとえばロット生産の場合
　　は、完成品の運搬はロット完成ごとに発生する）

⑧　物流情報——運搬の作業指示情報

2　運搬の合理化

（1）運搬活性

　運搬活性は、モノの移動のしやすさ（運び出しやすさ、動かしやすさ）をいう。運搬活性を示数化することにより、運搬作業のムダを発見して改善・合理化するための分析方法として運搬活性分析がある。運搬活性分析では、運搬の開始から完了までの状況を「0」から「4」までの活性示数で表し、各作業ポイントでの活性示数をグラフ化することで、運搬工程全体のどこを改善・合理化すべきかがわかりやすくなる。

　たとえばモノがバラ置きの場合、まとめるために箱に入れ、リフターを使ってもち上げるためにパレットに積み、リフターで運搬車両上に置き、これらが済んで初めて移動が行われる。

　もしモノが箱に入れて置かれていれば、「箱に入れる」という作業が省略できる。運搬活性示数とは、運搬においてこの省略できる作業数を表したものである。箱に入れて置かれている場合には、「箱に入れる」という1作業が省略でき、運搬活性示数は「1」となる。→図表5-4-1

図表5-4-1 ● 運搬活性示数

状況	バラ置き	箱入り	パレット積み	車上置き	コンベヤ上
活性示数	0	1	2	3	4

（2）ユニットロードシステム

　ユニットロードとは、「複数の物品又は包装貨物を、機械及び器具による取扱いに適するように、パレット、コンテナなどを使って一つの単位にまとめた貨物。この目的に合致する1個の大形の物品に対しても適用する。貨物をユニットロードにすることによって、荷役を機械化し、輸送、保管などを一貫して効率化する仕組みをユニットロードシステムという」（JIS Z 0111：2006-1009）と定義される。ユニットロードシステムを実施するためには、貨物を輸送・搬送機器による荷役に適するよう標準化さ

れた単位にまとめて梱包し、輸送・保管することが必要となる。ユニットロード化することにより、荷役作業において個々の貨物を取り扱う必要がなくなり、パレット単位あるいはコンテナ単位で扱うことにより、マテリアルハンドリング機器の活用が図られ、大幅な省力効果が得られる。

　ユニットロード化を進めるためには、規格化されたパレットの共同利用・共同回収が必要となる。わが国の「新総合物流施策大綱」（2001（平成13）年）でも「国際競争力のある社会実現のための高度かつ全体効率的な物流システムの構築」のための施策として、「ユニットロード化の推進」が挙げられている。大綱では、一貫パレチゼーションを中心としたユニットロード化を促進すること、JIS規格パレットの共同利用・共同回収のためのパレットプールシステム等の浸透や、ユニットロード化のための物流機器の導入および施設の設置に対する支援等を図ることが示されている。一貫パレチゼーションの具体的促進策として、JIS規格であるT11型パレット（縦1,100mm×横1,100mm×高さ144mmのパレット）の普及を図ることも示されている。→図表5-4-2

図表5-4-2●T11型パレット（左：木製、右：プラスチック製）

（3）MHの原則

　合理的な運搬を行うための原則は、以下のように分類される。
　・貨物の活性関係の原則——貨物の活性示数を高めるための原則
　・自動化関係の原則——運搬設備を活用するための原則
　・手待ち関係の原則——手待ちを生じさせないための原則
　・労力・作業関係の原則——労力の軽減を図るための原則

・移動経路関係の原則——移動距離の短縮を図るための原則

これらの分類に基づくMHの原則は、以下のとおりである。

① 活性荷物の原則——モノを動かしやすい状態にして活性示数を高める

② ユニットロードの原則——モノを標準化された単位にまとめて輸送・保管を一定の形状に統一する

③ パレット化の原則——荷物とパレットを一体として扱う

④ 重量化の原則——ローラーコンベヤやシューター等、モノ自体の重量を活用して移動する

⑤ つぎ目の原則——工程の切れ目で発生する運搬・積卸しを最小限にする

⑥ 配置の原則——モノの置き方、配置で運搬・積卸しを最小限にする

⑦ スペース活用の原則——直置き、バラ置きをせずに、立体化してスペースを有効活用する

第5節　包　装

学習のポイント

◆包装の役割、包装の種類と機能について理解する。
◆代表的な包装材料、包装技術について理解する。

1　包装の役割

　包装は、物品の輸送、保管、取引、使用などにあたって、その価値および状態を維持する役割をもつ。包装は、形態別では個装（物品個々の包装）、内装（包装貨物の内部の包装）、外装（包装貨物の外部の包装）の3種類に分類される。また、目的別では輸送を目的としたものを工業包装、販売を目的としたものを商業包装に区別し、工業包装を梱包という。

2　包装の種類と機能

（1）包装の種類（個装、内装、外装）

　包装の種類として、形態別では個装、内装、外装の3種類がある。
　○個装──「物品個々の包装で、物品の商品価値を高めるため若しくは物品個々を保護するための適切な材料、容器、それらを物品に施す技術又は施した状態」（JIS Z 0108：2012-1003）と定義される。
　○内装──「包装貨物の内部の包装で、物品に対する水、湿気、光、熱、衝撃などを考慮した適切な材料、容器、それらを物品に施す技術又は施した状態」（JIS Z 0108：2012-1004）と定義される。
　○外装──「包装貨物の外部の包装で、物品若しくは包装物品を箱、

袋、たる、缶などの容器に入れ又は無容器のまま結束し、記号、荷印などを施した材料、容器、又は施した状態」（JIS Z 0108：2012-1005）と定義される。

どのように個装、内装、外装を行うかは、製品の特性、輸送条件、保管条件により決定する。

（2）包装の機能

包装の機能としては以下が挙げられる。

① 内容物の保護——衝撃、水分、酸素、光など内容物を劣化させるさまざまな要因から内容物を保護する。

② 情報提供——包装を見ただけで、内容物に関する必要な情報を得られるようにする。

③ 取り扱いの利便性——物流時や消費時の取り扱いを容易にする。

④ その他包装に求められる機能

ア 経済性——コスト、内容物に見合った価格

イ 販促性——消費者への訴求力、パッケージデザイン

ウ 環境性——環境への負荷の小ささ、過剰包装の是正、リサイクルの可否

エ 作業性——包装作業時の人的・機械的エネルギー効率

オ 衛生性・安全性

（3）包装材料の種類、特徴等

主な包装材料としては、①段ボール、②木材、③プラスチック、④金属、が挙げられる。また、これらの材料を複合的に用いた複合材料やラミネート材（積層材）も多く用いられている。このうち段ボールは最も広く使用されており、素材が厚紙であるものが一般的であるが、プラスチックを使用したものも広く使われている。

（4）包装の技術

包装の重要な機能である内容物の保護のため、水分、衝撃等から内容物を守るための方法として以下が挙げられる。

1）防湿包装

外部からの湿気、個装内の湿気から内容物を守るための包装。個装にプラスチックフィルムまたはラミネートフィルムを使用し、個装内に乾燥剤を入れ、内部の湿気を吸収する。

湿気を含む個装内の空気を減らすため、フィルムによる密閉個装後に内部の空気を吸い出す場合が多い。

2）防水包装

外部からの湿気、水分から内容物を守るための包装。外装にプラスチックフィルム等防水性の素材を使用する。

3）緩衝包装

輸送中・荷役中の振動・衝撃から内容物を守る包装。発泡スチロール等の緩衝材を梱包内に詰めることにより、振動・衝撃を吸収する。

4）集合包装

一般には集合包装は、個装されたものを複数個まとめて包装する場合をいうが、ユニットロードにおいては、段ボール箱を複数個パレットに載せて輸送・保管を行う場合には、荷崩れを防止するためパレットに段ボール箱を載せた状態で全体をプラスチックフィルムで巻き固定することを指す場合もある。荷崩れしやすい場合には、プラスチックフィルムで巻く際に、L字形の角当材を使用し安定させる。

Column 知ってて便利

《容器包装リサイクル法》

　わが国の経済は、高度成長期以後、今日まで「大量生産・大量消費・大量廃棄」
によって発展してきた。この経済システムによって生み出された廃棄物は増大の
一途をたどり、廃棄物を埋め立てる最終処分場が足りなくなる事態も生じてきた。

　このため、廃棄物の発生を抑制するとともに、廃棄物をリサイクルすることに
よって廃棄物の減量を図ることが重要となり、特に、一般廃棄物のうち容積比率
で約66.0％を占める容器包装廃棄物の処理が緊急の課題となってきた。→図表5
-5-1

図表５-５-１ ● 家庭ゴミ中の容器包装廃棄物の割合（容積比率）（2021年度）

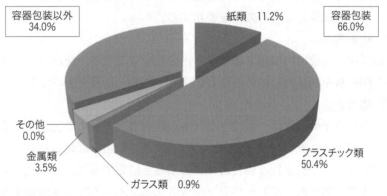

（出所）環境省「容器包装廃棄物の使用・排出実態調査」

　そこで政府は1995（平成7）年に「容器包装リサイクル法」（容器包装に係る
分別収集及び再商品化の促進等に関する法律）を制定し、家庭から一般廃棄物と
して排出される容器包装廃棄物のリサイクルシステムを構築することにした。こ
の制度は、1997（平成9）年に一部施行され、2000（平成12）年に完全施行とな
った。

　また、法施行後約10年が経過したこの容器包装リサイクル制度の課題を解決す
るため、2006（平成18）年に改正容器包装リサイクル法が成立し、2007（平成19）
年4月から施行されることになった。

Column

　改正のポイントは、①容器包装廃棄物の3R（リデュース・リユース・リサイクル）の推進、②リサイクルに要する社会全体のコストの効率化、③国・自治体・事業者・国民等すべての関係者の連携、である。

　容器包装リサイクル法の特徴は、従来は市町村だけが全面的に責任を担っていた容器包装廃棄物の処理を、消費者は分別して排出し、市町村が分別収集し、事業者（容器の製造事業者・容器包装を用いて中身の商品を販売する事業者）は再商品化（リサイクル）するという、三者の役割分担を決め、三者が一体となって容器包装廃棄物の削減に取り組むことを義務づけたことである。これにより、廃棄物を減らせば経済的な利点が、逆に廃棄物を増やせば経済的な欠点が生じることになる。

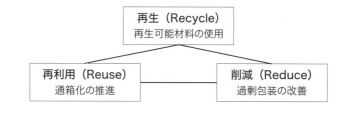

再生（Recycle）
再生可能材料の使用

再利用（Reuse）
通箱化の推進

削減（Reduce）
過剰包装の改善

第5章　理解度チェック

次の設問に、○×で解答しなさい（解答・解説は後段参照）。

---

1 物流コストの機能別分類は、輸送費、保管費、包装費、流通加工費、情報処理費、物流管理費に分けられる。

2 流動数曲線におけるインプット累計線とアウトプット累計線の縦の差は、仕掛品在庫の停滞日数を表す。

3 倉庫におけるピッキング効率を上げることと、保管効率を上げることとは背反する関係にある。

4 PC型センターは、入庫・仕分け・出庫を行い、保管機能をもたない物流拠点を指す。

5 家庭ゴミのうち、容器包装廃棄物が容量で7割近くを占めており、包装材の削減、再利用、再資源化といった環境面の対応が重視されている。

第5章　理解度チェック

1　〇
物流コストの分類方法としては、領域別分類、機能別分類、主体別分類、変固別分類があるが、機能別分類では、物流コストは輸送費、保管費、包装費、流通加工費、情報処理費、物流管理費に分けられる。

2　×
流動数曲線におけるインプット累計線とアウトプット累計線の縦の差は、仕掛品在庫の残高を表し、横の差は、仕掛品在庫の停滞日数を表す。

3　〇
ピッキング効率を上げるためには、ピッキング用通路の設置、ピッキングしやすい保管を行う必要がある。一方、保管効率を上げるためには、保管エリアをできるだけ広くとること、保管品を高く積み上げることが必要となる。このように背反する関係にあるため、保管品の特性によって、ピッキング効率を重視するか、保管効率を重視するかを判断し、倉庫のレイアウト設計を行う必要がある。

4　×
PC（流通加工）型センターは流通加工を中心とする物流拠点を指し、TC（通過）型センターは入庫・仕分け・出庫を行い、保管機能をもたない物流拠点を指す。

5　〇
家庭ゴミのうち、容量で66.0％を占める容器包装廃棄物の処理が課題となっている。

┃ 参考文献 ┃

「新物流実務事典」編集委員会編『新物流実務事典』産業調査会事典出版センター、2005年

日通総合研究所編『物流ハンドブック』白桃書房、1991年

日本MH協会編『マテリアルハンドリング便覧』日刊工業新聞社、1987年

R. ミューサー、十時昌訳『工場レイアウトの技術』日本能率協会、1964年

株式会社Catallaxy Mitsuri「IE手法【マテハン分析編】製造業の現場改善」2021年

――ビジネス・キャリア検定試験のご案内――

（令和6年4月現在）

●等級区分・出題形式等

等級	等級のイメージ	出題形式等
1級	企業全体の戦略の実現のための課題を創造し、求める目的に向かって効果的・効率的に働くために、一定の専門分野の知識及びその応用力を活用して、資源を統合し、調整することができる。（例えば、部長、ディレクター相当職を目指す方）	①出題形式　論述式 ②出　題　数　2問 ③試験時間　150分 ④合否基準　試験全体として概ね60％以上、かつ問題毎に30％以上の得点 ⑤受　験　料　12,100円（税込）
2級	当該分野又は試験区分に関する幅広い専門知識を基に、グループやチームの中心メンバーとして創意工夫を凝らし、自主的な判断・改善・提案を行うことができる。（例えば、課長、マネージャー相当職を目指す方）	①出題形式　5肢択一 ②出　題　数　40問 ③試験時間　110分 ④合否基準　出題数の概ね60％以上の正答 ⑤受　験　料　8,800円（税込）
3級	当該分野又は試験区分に関する専門知識を基に、担当者として上司の指示・助言を踏まえ、自ら問題意識を持ち定型的業務を確実に行うことができる。（例えば、係長、リーダー相当職を目指す方）	①出題形式　4肢択一 ②出　題　数　40問 ③試験時間　110分 ④合否基準　出題数の概ね60％以上の正答 ⑤受　験　料　7,920円（税込）
BASIC級	仕事を行ううえで前提となる基本的知識を基に仕事の全体像が把握でき、職場での円滑なコミュニケーションを図ることができる。（例えば、学生、就職希望者、内定者、入社してまもない方）	①出題形式　真偽法 ②出　題　数　70問 ③試験時間　60分 ④合否基準　出題数の概ね70％以上の正答 ⑤受　験　料　4,950円（税込）

※受験資格は設けておりませんので、どの等級からでも受験いただけます。

●試験の種類

試験分野	試験区分			
	1 級	2 級	3 級	BASIC 級
人事・人材開発・労務管理	人事・人材開発・労務管理	人事・人材開発	人事・人材開発	
		労務管理	労務管理	
経理・財務管理	経理・財務管理	経理	経理（簿記・財務諸表）	
			経理（原価計算）	
		財務管理（財務管理・管理会計）	財務管理	
営業・マーケティング	営業・マーケティング	営業	営業	
		マーケティング	マーケティング	
生産管理	生産管理	生産管理プランニング	生産管理プランニング	生産管理
		生産管理オペレーション	生産管理オペレーション	
企業法務・総務	企業法務	企業法務（組織法務）	企業法務	
		企業法務（取引法務）		
		総務	総務	
ロジスティクス	ロジスティクス	ロジスティクス管理	ロジスティクス管理	ロジスティクス
		ロジスティクス・オペレーション	ロジスティクス・オペレーション	
経営情報システム	経営情報システム	経営情報システム（情報化企画）	経営情報システム	
		経営情報システム（情報化活用）		
経営戦略	経営戦略	経営戦略	経営戦略	

※試験は、前期（10月）・後期（2月）の2回となります。ただし、1級は前期のみ、BASIC級は後期のみの実施となります。

●出題範囲・試験日・お申し込み方法等

　出題範囲・試験日・お申し込み方法等の詳細は、ホームページでご確認ください。

●試験会場

　全国47都道府県で実施します。試験会場の詳細は、ホームページでお知らせします。

●等級区分・出題形式等及び試験の種類は、令和6年4月現在の情報となっております。最新情報は、ホームページでご確認ください。

●ビジキャリの学習体系

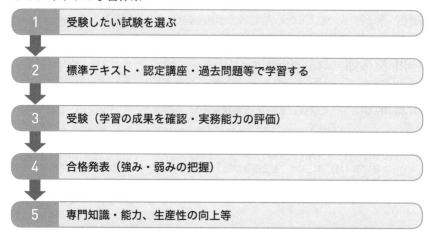

1	受験したい試験を選ぶ
2	標準テキスト・認定講座・過去問題等で学習する
3	受験（学習の成果を確認・実務能力の評価）
4	合格発表（強み・弱みの把握）
5	専門知識・能力、生産性の向上等

●試験に関するお問い合わせ先

実施機関	中央職業能力開発協会
お問い合わせ先	中央職業能力開発協会　能力開発支援部 ビジネス・キャリア試験課
	〒160-8327 東京都新宿区西新宿7-5-25　西新宿プライムスクエア11階 TEL：03-6758-2836　FAX：03-3365-2716 E-mail：BCsikengyoumuka@javada.or.jp URL：https://www.javada.or.jp/jigyou/gino/business/index.html

【専門知識】生産管理オペレーション **3級**〔第4版〕
テキスト監修・執筆者一覧

監修者

渡邉 一衛 成蹊大学 名誉教授

執筆者（五十音順）

木内 正光 玉川大学 経営学部 国際経営学科 准教授
…第2章

中島 健一 早稲田大学 社会科学総合学術院 教授
…第4章（第1節〜第3節）

細野 泰彦 元 東京都市大学 知識工学部 経営システム工学科 准教授
…第1章・第3章

皆川 健多郎 大阪工業大学 情報科学部 データサイエンス学科 教授
…第4章（第4節〜第6節）

山品 博史 元 東芝ロジスティクス株式会社
…第5章

（※1）所属は令和5年5月時点のもの
（※2）本書（第4版）は、初版、第2版及び第3版に発行後の時間の経過等により補訂を加えたものです。
初版、第2版、第3版及び第4版の監修者・執筆者の各氏のご尽力に厚く御礼申し上げます。

【専門知識】生産管理オペレーション **3級**〔第3版〕
テキスト監修・執筆者一覧

監修者

渡邉 一衛 成蹊大学 理工学部 情報科学科　教授

執筆者（五十音順）

木内 正光 城西大学 経営学部　准教授

竹安 数博 常葉大学 経営学部　教授

中島 健一 神奈川大学 工学部 経営工学科　教授

細野 泰彦 東京都市大学 知識工学部 経営システム工学科　准教授

松木 幹雄 松木経営事務所　所長

山品 博史 東芝ロジスティクス株式会社

（※1）所属は平成27年3月時点のもの
（※2）本書（第3版）は、初版、第2版に発行後の時間の経過等により補訂を加えたものです。
　　　初版、第2版及び第3版の監修者・執筆者の各氏のご尽力に厚く御礼申し上げます。

生産管理オペレーション **3級**〔初版・第2版〕
テキスト監修・執筆者一覧

監修者

渡邉 一衞 成蹊大学 理工学部 情報科学科　教授

竹岡 一成 総合能率研究所　所長
元 玉川大学 工学部 経営工学科　教授

執筆者（五十音順）

竹安 数博 大阪府立大学 経営システム研究所　所長、経営学部　教授

玉木 欽也 青山学院大学 経営学部　教授

山崎　榮 元 玉川大学 工学部 経営工学科　教授

山品 博史 東芝物流株式会社 情報産業機器ロジ事業部 業務担当グループ長

渡邉 一衞 成蹊大学 理工学部 情報科学科　教授

（※1）所属は平成19年9月時点のもの
（※2）初版、第2版の監修者・執筆者の各氏のご尽力に厚く御礼申し上げます。

MEMO

ビジネス・キャリア検定試験標準テキスト

【専門知識】生産管理オペレーション 3級

平成19年12月28日	初　版	発行	
平成20年9月18日	第2版	発行	
平成27年4月17日	第3版	発行	
令和5年5月23日	第4版	発行	
令和6年4月15日	第2刷	発行	

編　著　**中央職業能力開発協会**

監　修　**渡邉 一衛**

発行所　**中央職業能力開発協会**
　　　　〒160-8327　東京都新宿区西新宿7-5-25 西新宿プライムスクエア11階

発売元　株式会社 **社会保険研究所**
　　　　〒101-8522　東京都千代田区内神田2-15-9 The Kanda 282
　　　　電話：03-3252-7901（代表）

- ●本書の全部または一部を中央能力開発協会の承諾を得ずに複写複製することは、著作権法上での例外を除き、禁じられています。
- ●本書の記述内容に関する不備等のお問い合わせにつきましては、書名と該当頁を明記の上、中央職業能力開発協会ビジネス・キャリア試験課に電子メール（text2@javada.or.jp）にてお問い合わせ下さい。
- ●本書籍に関する訂正情報は、発売元ホームページ（https://www.shaho.co.jp）に掲載いたします。ご質問の前にこちらをご確認下さい。
- ●落丁、乱丁本は、お取替えいたしますので、発売元にご連絡下さい。

ISBN978-4-7894-9953-8 C2036 ¥2700E
©2024 中央職業能力開発協会 Printed in Japan